Fromm · Die Entdeckung des gesellschaftlichen Unbewußten

Schriften aus dem Nachlaß · Band 3
Herausgegeben von Rainer Funk

Erich Fromm

Die Entdeckung des gesellschaftlichen Unbewußten

Zur Neubestimmung der Psychoanalyse

Herausgegeben von
Rainer Funk

BELTZ

Übersetzt aus den amerikanischen Originalmanuskripten
von Rainer Funk

CIP-Titelaufnahme der Deutschen Bibliothek

Fromm, Erich:
Schriften aus dem Nachlass / [Erich Fromm].
Hrsg. von Rainer Funk. – Weinheim ; Basel : Beltz
NE: Fromm, Erich: [Sammlung <dt.>]; HST
Bd. 3. Die Entdeckung des gesellschaftlichen Unbewussten :
zur Neubestimmung der Psychoanalyse /
[übers. aus d. amerikan. Orig.-Ms. von Rainer Funk]. – 1990
ISBN 3-407-85603-2

Herstellung: L & J Publikations-Service GmbH, 6940 Weinheim
Satz: Rainer Funk, 7400 Tübingen und
Satz- und Reprotechnik GmbH, 6944 Hemsbach
Druck: Druckhaus Beltz, 6944 Hemsbach
Umschlaggestaltung: Klaus Linke, 6942 Mörlenbach
Umschlagfoto: Thea Goldmann, Zürich
Printed in Germany
ISBN 3 407 85603 2

Vor allen Dingen
ist der Mensch ein gesellschaftliches Wesen.

Ihr besonderes Augenmerk richtet die revidierte Psychoanalyse auf jene psychischen Phänomene, die die Pathologie der gegenwärtigen Gesellschaft begründen: auf Entfremdung, Angst, Einsamkeit, auf die Angst vor tiefreichenden Gefühlen, auf den Mangel an Tätigsein und auf das Fehlen von Freude. Diese Symptome haben die zentrale Rolle übernommen, die die Verdrängung der Sexualität zur Zeit Freuds innehatte.

Die psychoanalytische Theorie muß deshalb so gefaßt werden, daß sie die unbewußten Aspekte dieser Symptome und ihre krank machenden Bedingungen in Gesellschaft und Familie verständlich macht.
Darüber hinaus muß die Psychoanalyse die „Pathologie der Normalität" erforschen, jene chronische, leichte Schizophrenie, die von der kybernetisch organisierten, technologischen Gesellschaft von heute und morgen erzeugt wird.

Die Triebe können regressiv, archaisch und selbst-destruktiv sein, oder sie können dem Menschen zu seiner vollen Entfaltung verhelfen und eine Einheit mit der Welt unter der Bedingung von Freiheit und Integrität herstellen.
In diesem günstigen Fall sind seine das Überleben transzendierenden Bedürfnisse keine Ausgeburt von Unlust und „Mangel", sondern das Ergebnis seines Reichtums an Möglichkeiten, die ihn leidenschaftlich danach streben lassen, sich in die Objekte, die ihnen entsprechen, zu ergießen:
Ein solcher Mensch wünscht zu lieben, weil er ein Herz hat;
er denkt gerne, weil er ein Gehirn hat;
er möchte berühren, weil er eine Haut hat.

Inhalt

Vorwort

Im Jahre 1965 wurde Erich Fromm als Professor für Psychoanalyse an der Nationalen Autonomen Universität von Mexiko-Stadt emeritiert. Im gleichen Jahr wurde die Feldforschung über den Gesellschafts-Charakter des mexikanischen Bauerndorfes Chiconcuac abgeschlossen. Von den universitären Verpflichtungen entbunden und frei für ein neues Projekt, beantragte er bei verschiedenen Stiftungen Geld für ein „Systematisches Werk über Humanistische Psychoanalyse", das zu schreiben er sich für die nächsten Jahre vorgenommen hatte. Es war auf drei bis vier Bände konzipiert und sollte sämtliche Bereiche der psychoanalytischen Theorie und Praxis unter dem Gesichtspunkt ihrer dialektischen Revision behandeln.

Ursprünglich wollte Fromm dieses „systematische und umfassende Werk zur Psychoanalyse" ganz vor dem Hintergrund seiner klinischen Erfahrungen als praktizierender Psychoanalytiker, Lehr- und Kontrollanalytiker schreiben und mit Fallbeispielen anreichern. Dazu kam es nicht. Zwar arbeitete Fromm für Jahre an dem Projekt, doch verlagerten sich mit der Zeit seine Interessen immer mehr auf das Problem einer adäquaten psychoanalytischen Aggressionstheorie. Diese legte Fromm 1973 in seinem umfangreichen Band Anatomie der menschlichen Destruktivität *vor.*

Andere Aspekte seines Vorhabens blieben unvollendet oder wurden nur hinsichtlich der theoretischen Aspekte realisiert. Veröffentlicht hat Fromm daraus nur das Kapitel „Die Krise der Psychoanalyse" (E. Fromm, 1970c), das im einzelnen aufzeigt, wie revisionsbedürftig die Psychoanalyse selbst in ihren Weiterentwicklungen zum Beispiel bei den sogenannten Ich-Psychologen ist. Fromms eigene Position aber, seine Re-Formulierung und Re-Vision der Psychoanalyse, hat er nicht veröffentlicht.

Der vorliegende Band enthält die von Fromm zwischen 1968 und 1970 verfaßten und bisher nicht publizierten Teile seiner humanistischen und dialektischen Revision der Psychoanalyse. Das größte zusammenhängende Manuskript trägt denn auch den Titel „Die dialektische Revision der Psychoanalyse" (Kapitel 2). Fromm entwickelt darin seine Methode der „Psychoanalyse von Theorien", mit der er die Theorien von Freud revidiert. Besonders ausführlich beschäftigt sich Fromm mit der Bedeutung, die das gesellschaftliche Verdrängte für die Neubestimmung des Unbewußten hat. Auch enthält das Kapitel wichtige Ausführungen über Fromms Ansichten zur therapeutischen Praxis. Erstmals spricht hier Fromm auch von der transtherapeutischen Psychoanalyse, die er 1975 in Vom Haben zum Sein *(E. Fromm, 1989) weiter ausführte.*

Jede Revision der Psychoanalyse muß sich insbesondere mit der Frage auseinandersetzen, welche Bedeutung die Sexualität für das psychische Geschehen hat. Fromms Kritik an der Rolle, die der Sexualität beigemessen wird, kommt in dem Kapitel „Die sogenannte sexuelle Revolution" zum Ausdruck. Wie wenig triebhafte Strebungen ursprünglich mit der Sexualität verbunden sein müssen, zeigt Fromm hier am Beispiel der prägenitalen Sexualität, an den Perversionen, und hier besonders an der sadistischen Perversion, auf. Die Neuformulierung der psychoanalytischen Perversionenlehre führt ihn ganz automatisch immer wieder zur Kritik an Herbert Marcuse. Diese ist in einem eigenen abschließenden Kapitel zusammengefaßt, das Fromm ursprünglich als „Epilog" zu seinem Sammelband The Crisis of Psychoanalysis *(1970a, deutsch:* Analytische Sozialpsychologie und Gesellschaftstheorie*) veröffentlichen wollte und das den Titel trug* Infantilization and Despair Masquerading as Radicalism. *Die literarische Auseinandersetzung mit dem ehemaligen Institutskollegen Marcuse begann bereits 1955 (E. Fromm, 1955b und 1956b) und setzte sich als wissenschaftliche Kritik in dem Beitrag „Die Krise der Psychoanalyse" (1970c, GA VIII, S. 58-62) fort. In dem hier* *erstmals veröffentlichten Kapitel „Der angebliche Radikalismus von Herbert Marcuse" wird besonders die Direktheit und Emotionalität der Auseinandersetzung spürbar.*

In einem der Projektanträge zur Finanzierung seines geplanten mehrbändigen Werkes über Psychoanalyse berichtet Fromm über die Entstehung seines eigenen erkenntnisleitenden Interesses bei der Rezeption der Freudschen Psychoanalyse: „Meine Kenntnisse im Bereich der Soziologie und mein Interesse an ihr führten mich zuerst dazu, die Psychoanalyse auf gesellschaftliche und kulturelle Probleme anzuwenden. Meine ersten Arbeiten, zwischen 1932 und 1934 veröffentlicht, enthielten bereits die Kerngedanken meines späteren Werks. Sie zeigten erstmals, daß die psychoanalytische Theorie auf sozio-kulturelle Probleme angewandt werden kann... Dabei wuchs meine kritische Einstellung gegenüber einer eng gefaßten Freudschen Theorie, und ich begann, sie zu modifizieren. Ich versuchte, an Freuds grundlegenden Entdeckungen festzuhalten, seine mechanistisch-materialistische Philosophie jedoch durch eine humanistische zu ersetzen. Der Mensch ist keine Maschine, die durch einen chemisch hervorgerufenen Mechanismus von Spannung und Entspannung reguliert wird. Die Grundlage meines theoretischen Denkens lautet vielmehr: Der Mensch ist eine Ganzheit und hat das Bedürfnis, auf die Welt bezogen zu sein."

Was Fromm hier mit unverdächtig erscheinenden Worten anklingen läßt, besagt in Wirklichkeit, daß er das Freudsche Menschenbild und die hiervon abhängige Triebtheorie durch eine grundsätzlich andere Metapsychologie ersetzt hat: Der Mensch wird primär als gesellschaftliches Wesen begriffen; das Unbewußte interessiert an erster Stelle als gesellschaftliches Unbewußtes und Verdrängtes; die Triebhaftigkeit des Menschen ergibt sich auf Grund seiner spezifisch menschlichen Widerspruchssituation, die sich in nur dem Menschen eigentümlichen Bedürfnisstrukturen manifestiert, deren Befriedigungsweisen immer gesellschaftlich vermittelt sind. Die nicht nur für das Freudsche Menschenbild typische Gegenüberstellung von Individuum und Gesellschaft wird als historisch bedingter Antagonismus von produktiven und nicht-produktiven

Charakterorientierungen des einzelnen als eines gesellschaftlichen Wesens (oder, was das gleiche ist: als Antagonismus von produktiven und nicht-produktiven Gesellschafts-Charakterorientierungen im einzelnen) begriffen.

Diesem anderen Ansatz entsprechend, den Fromm im 1. Kapitel des vorliegenden Bandes skizziert, versteht er die Psychoanalyse schon immer als analytische Sozialpsychologie. Im Vordergrund der therapeutischen Anwendung der Psychoanalyse steht für ihn die Aufdeckung des gesellschaftlichen Unbewußten: die Bindung an Idole und der Glaube an Illusionen und Ideologien, die im Gewand des gesunden Menschenverstands, der Sachzwänge, des Normalen, Selbstverständlichen in Wirklichkeit nur Ausdruck der „Pathologie der Normalität" sind.

Da die englisch geschriebenen Manuskripte dieses Bandes nicht in der hier zusammengestellten und gegliederten Weise vorlagen, habe ich den Text zusätzlich unterteilt und mit Zwischenüberschriften versehen. Hinzufügungen, die aus der Sicht des Herausgebers für notwendig erachtet wurden, und Auslassungen innerhalb des Textes sind durch eckige Klammern gekennzeichnet.

Tübingen, im Januar 1990 *Rainer Funk*

I. Über meinen psychoanalytischen Ansatz

Nicht nur in der wissenschaftlichen Literatur zur Psychoanalyse und zur Sozialpsychologie, sondern auch ganz allgemein in der Öffentlichkeit ist die Annahme weit verbreitet, daß es innerhalb der Psychoanalyse einen grundlegenden Widerspruch zwischen einer biologischen und einer gesellschaftlichen (oder kulturellen) Ausrichtung gibt. Die Freudsche Richtung wird oft biologisch, die Theorien der sogenannten neofreudianischen „Schulen", besonders jene von Harry Stack Sullivan, Karen Horney und mir, werden „kulturalistisch" genannt, als ob diese im Widerspruch zu einer biologischen Ausrichtung stünden.

Die Gegenüberstellung von biologischer und kultureller Betrachtungsweise ist nicht nur oberflächlich, sondern völlig irreführend. Dies gilt zumindest im Hinblick auf meine Schriften und meine theoretischen Auffassungen, die sich in grundsätzlichen Fragen von den Auffassungen von Sullivan und Horney unterscheiden, deren Positionen ihrerseits verschieden sind. Die Einschätzung, meine Betrachtungsweise sei anti- oder nicht-biologisch, hat zwei Gründe: einmal meine Betonung der Bedeutung der gesellschaftlichen Faktoren bei der Bildung des Charakters, zum anderen meine kritische Haltung gegenüber Freuds Triebtheorie und der Libidotheorie.

Es stimmt zwar, daß die Libidotheorie wie jede Theorie, die sich auf den Lebensprozeß des menschlichen Organismus bezieht, eine biologische ist, doch meine Kritik an der Libidotheorie beruht nicht auf ihrer biologischen Orientierung als solcher, sondern auf der speziellen Art von biologischer

Ausrichtung: Ich kritisiere den mechanistischen Physiologismus, in dem Freuds Libidotheorie ihre Wurzeln hat.

Meine Kritik richtet sich nicht gegen Freuds allgemeine biologische Ausrichtung, im Gegenteil: Einen anderen Aspekt dieser Ausrichtung, seine Betonung der konstitutionellen Faktoren der Persönlichkeit, habe ich nicht nur theoretisch akzeptiert, sondern in meine klinische Arbeit mit einbezogen, und vermutlich um einiges ernsthafter als dies die meisten orthodoxen Psychoanalytiker tun, die zwar oft von konstitutionellen Faktoren reden, aber in der Praxis glauben, daß der Patient völlig durch seine frühen Erfahrungen innerhalb der Familienkonstellation bestimmt wird.

Freud kam beinahe unvermeidlich zu seiner besonderen mechanistisch-physiologischen Theorie. Als er seine ersten Theorien formulierte, gab es noch kaum Erkenntnisse über die Hormone und die Neurophysiologie, so daß es nahelag, ein Modell zu konstruieren, das auf der Vorstellung einer chemisch produzierten inneren Spannung aufbaute, die schmerzvoll wird und nach Freisetzung der angestauten sexuellen Spannung strebt – eine Entlastung, die Freud mit dem Begriff „Lust" bezeichnete. Die Annahme der krank machenden Rolle der sexuellen Verdrängung schien um so evidenter zu sein, da die Menschen, an denen er seine klinischen Beobachtungen machte, zur Mittelschicht mit ihrer strengen viktorianischen Sexualmoral gehörten. Erik H. Erikson hat festgestellt, daß auch der große Einfluß der thermodynamischen Theorien Freuds Denken mitbestimmt haben mag.

Die Erkenntnis, daß bei den Neurosen noch andere Aspekte eine wichtige Rolle spielen als jene, die wir gewöhnlich sexuelle Wünsche nennen, veranlaßte Freud, seinen Begriff der Sexualität auch auf die „prägenitale Sexualität" auszudehnen. So konnte er annehmen, daß seine Libidotheorie den Ursprung jener Energie erklären konnte, die alles leidenschaftliche Verhalten, einschließlich der aggressiven und sadistischen Impulse, antreibt.

In den zwanziger Jahren entwickelte Freud im Gegensatz zu der physiologisch-mechanistischen Ausrichtung seiner Libidotheorie einen sehr viel weiteren biologischen Ansatz mit seiner Theorie des Lebens- und des Todestriebes. Er betrachtete den Lebensprozeß als ganzen und nahm an, daß die zwei Tendenzen jeder Zelle eines lebendigen Organismus innewohnen: eine Tendenz auf das Leben hin, das heißt, auf wachsende Einheit und Integration, die er Eros nannte, und eine Tendenz auf den Tod und die Desintegration hin, die er Todestrieb nannte. Zwar ist die Richtigkeit der Annahme seiner Theorie vom Lebens- und Todestrieb fragwürdig, doch hat er mit seiner neuen Auffassung eine, wenn auch äußerst spekulative, umfassende biologische Theorie der Leidenschaften des Menschen geliefert. Von einem biologischen Standpunkt aus sollte besonders erwähnt werden, daß seine frühere Theorie trotz ihrer Enge auf der Annahme beruhte, daß es in der Natur der lebenden Organismen begründet ist, leben zu wollen, während er in seiner umfassenderen späteren biologischen Theorie die frühere Vorstellung aufgab und statt dessen annahm, daß die Tendenz zur Desintegration ebenso zur Natur des Menschen gehöre wie jene zu leben und zu überleben.

Die der Natur alles Lebendigen innewohnende Polarität von Leben und Tod wurde nun zur neuen Basis von Freuds Denken. Sie löste das hydraulische Modell von wachsender Spannung und der Notwendigkeit, sie zu reduzieren, ab. Leider hat Freud – aus vielen Gründen – niemals den grundlegenden Widerspruch zwischen der früheren und der späteren Triebtheorie aufgeklärt oder gar die beiden zur Synthese gebracht. Mit meiner Auffassung des Zusammenhangs von Nekrophilie und Analsadismus habe ich versucht, ein Element von Freuds Libidotheorie und seiner Auffassung vom Todestrieb zu verbinden. Freud hing noch immer an seiner älteren Auffassung, daß die Libido männlich sei und vermied den beinahe selbstverständlichen Schritt, nämlich den Eros mit der männlich-weiblichen Polarität zu verbinden. Statt dessen begrenzte er den Begriff des Eros auf das allgemeine Prinzip von Integration und Vereinigung.

An Freuds biologischer Ausrichtung kann nicht gezweifelt werden, doch würde man sein Werk entstellen, wenn man seine biologische Orientierung in einen Gegensatz zu einer gesellschaftlichen Orientierung bringen würde. Ganz im Gegensatz zu einer solchen falschen Gegenüberstellung war Freud immer auch gesellschaftlich orientiert. Er betrachtete den Menschen nie als ein isoliertes Wesen und unabhängig von seinem sozialen Kontext. In *Massenpsychologie und Ich-Analyse* schreibt Freud (1921c, S. 73): „Die Individualpsychologie ist zwar auf den einzelnen Menschen eingestellt und verfolgt, auf welchen Wegen derselbe die Befriedigung seiner Triebregungen zu erreichen sucht, allein sie kommt dabei nur selten, unter bestimmten Ausnahmebedingungen, in die Lage, von den Beziehungen dieses einzelnen zu anderen Individuen abzusehen. Im Seelenleben des einzelnen kommt ganz regelmäßig der andere als Vorbild, als Objekt, als Helfer und als Gegner in Betracht, und die Individualpsychologie ist daher von Anfang an auch gleichzeitig Sozialpsychologie."

Es stimmt allerdings, daß Freud vor allem an die Familie dachte, wenn er den gesellschaftlichen Faktor einbezog, und nicht an die Gesellschaft als ganze bzw. an gesellschaftliche Schichten. Dies ändert aber nichts an der Tatsache, daß sein ganzer Versuch, die Entwicklung eines Menschen zu verstehen, immer der Versuch war, die Wirkung der gesellschaftlichen Einflüsse (der Familie) auf die gegebene biologische Struktur zu verstehen.

Diese falsche Gegenüberstellung von biologischer und gesellschaftlicher Ausrichtung unterliegt auch der falschen Einschätzung meines Werkes als kulturell oder kulturalistisch im Gegensatz zu einem biologischen Denken. Mein Ansatz war immer ein sozio-biologischer, und in dieser Hinsicht von Freuds Ansatz nicht grundsätzlich abweichend. Mein Ansatz steht allerdings in einem scharfen Widerspruch zu jener Art behavioristischem Denken in Psychologie und Anthropologie, das vom Menschen annimmt, er werde als ein leeres Blatt Papier geboren, auf das die Kultur mit ihrem alles durchdringenden Einfluß durch Sitte und Erziehung, das heißt mit anderen Worten, durch Lernen und Konditionierung, ihren Text schreibe.

Im folgenden möchte ich eine kurze Zusammenfassung der wichtigsten Punkte geben, die meine *sozio-biologische Ausrichtung* wiedergeben (vgl. auch E. Fromm, 1932a, sowie besonders 1941a, 1947a und 1955a).

(1) Meine sozio-biologische Ausrichtung beruht vor allem auf meinem Verständnis von *Evolution*. Evolutionäres Denken ist historisches Denken. Wir nennen historisches Denken „evolutionär", wenn wir von körperlichen Veränderungen sprechen, wie sie in der Geschichte der Entwicklung der Tiere vorkommen. Wir sprechen von „geschichtlichen" Veränderungen, wenn es um solche Veränderungen geht, die nicht mehr in Veränderungen des Organismus begründet sind. Der Mensch taucht an einem bestimmten Punkt der tierischen Evolution auf. Dieser Punkt ist durch das fast völlige Verschwinden der instinktiven Determination und das Wachstum der Hirnentwicklung gekennzeichnet, mit der Selbstbewußtsein, Vorstellungsvermögen, Planen und Zweifeln einhergehen. Ist mit der Entwicklung dieser beiden Faktoren eine bestimmte Schwelle erreicht worden, entsteht der Mensch. Von da an sind all seine Impulse von seinem Bedürfnis bestimmt, unter den Bedingungen zu überleben, die an diesem Punkt seiner Evolution entstanden sind.

Die „evolutionären“ Veränderungen bei Lebewesen finden auf Grund von Änderungen der physischen Struktur statt; dies gilt von den Einzellern bis zu den Säugetieren. Die „geschichtlichen“ Veränderungen, das heißt, die Evolution des Menschen, beruhen nicht auf Veränderungen seiner anatomischen oder physiologischen Struktur, sondern finden auf Grund psychischer Veränderungen statt, die sich bei der Anpassung an das gesellschaftliche System, in das ein Mensch hineingeboren wird, ergeben. Das gesellschaftliche System hängt seinerseits von vielen Faktoren wie Klima, Bodenschätzen, Bevölkerungsdichte, Mittel zur Kommunikation mit anderen Gruppen, Produktionsweise usw. ab. Die geschichtlichen Veränderungen beim Menschen finden im Bereich seiner intellektuellen Fähigkeiten und seiner emotionalen Reife statt.

Eine wichtige Bemerkung muß hinzugefügt werden: Auch wenn es stimmt, daß der Mensch jene anatomische und physiologische Konstitution nicht überschritten hat, die er zum Zeitpunkt des Auftauchens aus dem Tierreich hatte, so ist doch das Wissen um das Verhalten und die neurophysiologischen Prozesse bei den Tieren, und hier besonders bei den Säugetieren, von beträchtlichem Interesse für die Erforschung des Menschen. Selbstverständlich sind oberflächliche Analogien der Art, wie sie Konrad Lorenz zu machen beliebt, von geringem wissenschaftlichen Wert. Auch muß man äußerst vorsichtig sein, für das menschliche Verhalten irgendwelche Schlußfolgerungen aus dem tierischen zu ziehen, und zwar genau deshalb, weil der Mensch ein System sui generis darstellt, das durch das gleichzeitige Vorhandensein von Schwäche der Instinktausstattung und einem hoch entwickelten Gehirn gekennzeichnet ist.

Ist man sich dieser Fallstricke bewußt, können die Ergebnisse der Erforschungen tierischen Verhaltens und der neurophysiologischen Prozesse bei Tieren sehr anregend für die Erforschung des Menschen sein. Dies gilt selbstverständlich auch für die psychoanalytische Erforschung des Menschen: Auch sie kann von den den Menschen betreffenden neurophysiologischen Erkenntnissen Gebrauch machen. Zwar sind Psychoanalyse und Neurophysiologie Wissenschaften mit völlig verschiedenen Methoden, die nicht notwendig zu neuen Einsichten kommen, wenn sie dasselbe Problem zur gleichen Zeit angehen; deshalb muß auch jede dieser Wissenschaften der Logik ihrer eigenen Methoden folgen. Es kann aber doch erwartet werden, daß sich eines Tages psychoanalytische und neurophysiologische Ergebnisse zusammenfügen lassen. Solange dies noch nicht möglich ist, sollten die Disziplinen der Wissenschaft vom Menschen nicht nur Respekt vor der jeweils anderen haben, sondern sich gegenseitig stimulieren, indem sie ihre Ergebnisse veröffentlichen und Fragen formulieren, die der Forschung in dem jeweils anderen Gebiet förderlich sind.

(2) Ein weiterer Drehpunkt der sozio-biologischen Ausrichtung ist die Frage des Überlebens: Wie kann der Mensch mit seiner physiologischen und neurophysiologischen Ausrüstung und angesichts seiner existentiellen Widersprüche physisch und psychisch überleben? Daß der Mensch physisch überleben muß, bedarf keiner Erklärung. Doch die Behauptung, daß er auch psychisch überleben muß, bedarf einiger weiterer Erläuterungen.

Vor allen Dingen ist der Mensch ein gesellschaftliches Wesen. Seine physische Konstitution ist derart, daß er in Gruppen leben muß, und dies bedeutet, daß er zumindest zum Zweck der Arbeit und der Verteidigung zur Kooperation mit anderen fähig ist. Voraussetzung für eine solche Kooperation ist, daß er seelisch gesund ist. Um psychisch gesund zu bleiben, das heißt, um psychisch (und indirekt auch physisch) zu überleben, muß der Mensch auf andere bezogen sein und braucht er einen Rahmen der Orientierung, der es ihm erlaubt, die Wirklichkeit zu begreifen und der die Funktion hat, ihm in einer ansonsten chaotischen Wirklichkeit einen relativ konstanten Bezugsrahmen zu geben. Dieser Rahmen der Orientierung befähigt ihn zugleich, mit anderen zu kommunizieren.

Der Mensch braucht einen Rahmen der Hingabe, einschließlich Werten, der ihn befähigt, seine Energie in eine besondere Richtung zu bündeln und zu kanalisieren, womit er das rein physische Überleben transzendiert. Die Art des Rahmens der Orientierung ist zum Teil eine Frage der Wahrnehmung und wird über das Erlernen der Denkformen seiner Gesellschaft erworben; zum größeren Teil ist sie eine Frage des Charakters.

Der *Charakter* ist jene Form, in die menschliche Energie im Prozeß der „Sozialisation" (in der Bezogenheit zu anderen) und der „Assimilierung" (in der Art und Weise der Aneignung von Dingen) kanalisiert wird. Der Charakter ist eigentlich der Ersatz für die fehlenden Instinkte. Müßte der Mensch, weil er in seinen Handlungen nicht mehr durch die Instinkte determiniert ist, vor jeder Handlung erst entscheiden, *wie* er handelt, wäre er unfähig, jemals rasch zu handeln. Zu Entscheidungen zu kommen, würde zu lange dauern; auch gäbe es keine Konsistenz seiner Handlungen. Handelt er gemäß seinem Charakter, dann handelt er quasiautomatisch und konsistent. Die Energie, mit der die Charakterzüge geladen sind, garantieren eine rasche und schlüssige Handlung – mehr, als jeder Zwang zu lernen leisten würde.

Freud nahm an, daß die Charakterzüge in der Libido und besonders in den libidinös besetzten erogenen Zonen wurzeln. In meiner Revision des Charakterbegriffs wird der Charakter als ein biologisch notwendiges Phänomen gesehen, notwendig deshalb, weil er das psychische und physische Überleben des Menschen garantiert. Auch die Begriffe „Sozialisation" und „Assimilierung" als Aspekte der Charakterorientierungen gründen auf der biologischen

Betrachtung, daß der Mensch ein zweifaches Bedürfnis hat: sich auf andere zu beziehen und sich Dinge anzueignen.

Wer mit meinen früheren Schriften vertraut ist, weiß, daß ich Freuds klinische Beschreibung der verschiedenen Charaktersyndrome voll und ganz akzeptiere. Der Unterschied liegt in den verschiedenen biologischen Ansätzen. Darüber hinaus gibt es noch einen anderen Unterschied, der eigens erwähnt sein soll: Für Freud sind die Charakterzüge mit libidinöser Energie geladen, das heißt, sie sind sexuell (in dem weiten Wortsinn, in dem Freud diesen Begriff benützte). Die Energie, von der ich spreche, ist die Energie des lebendigen Organismus mit seinem Wunsch, zu überleben; sie wird in verschiedene Bahnen kanalisiert, die es dem einzelnen ermöglichen, seinen Anforderungen gemäß zu reagieren. (Carl Gustav Jung war der erste, der von Energie im allgemeinen, statt im engeren Sinn von sexueller Energie sprach. Allerdings verband er sein anderes Energieverständnis nicht mit der sozio-biologischen Funktion des Charakters.)

Die sozio-biologische Funktion des Charakters bestimmt nicht nur die Bildung des individuellen Charakters, sondern auch die des *Gesellschafts-Charakters*. Der Gesellschafts-Charakter enthält die „Matrix" oder den „Kern" der Charakterstruktur der meisten Mitglieder einer gesellschaftlichen Gruppe. Er bildet sich als das Ergebnis der grundlegenden Erfahrungen und der Lebensweise, die eben dieser Gruppe gemeinsam sind. Von einer sozio-biologischen Warte aus hat der Gesellschafts-Charakter die Funktion, menschliche Energie derart umzugestalten, daß sie als „Rohmaterial" für die Zwecke der besonderen Struktur einer gegebenen Gesellschaft benützt werden kann. Ich möchte hier eigens anmerken, daß es so etwas wie eine Gesellschaft als solche nicht gibt, sondern nur verschiedene Gesellschaftsstrukturen; genausowenig gibt es psychische Energie als solche, sondern nur auf verschiedene Weisen kanalisierte psychische Energie, die jeweils für eine gegebene Charakterstruktur typisch ist.

Die Entwicklung des Gesellschafts-Charakters ist unabdingbar für das Funktionieren einer gegebenen Gesellschaft; das gesellschaftliche Überleben aber ist eine biologische Notwendigkeit für das Überleben des Menschen. Dies bedeutet freilich nicht, daß der gegebene Gesellschafts-Charakter die Stabilität einer gegebenen Gesellschaft garantiert. Widerspricht die Gesellschaftsstruktur den menschlichen Bedürfnissen zu sehr und kommt es gleichzeitig zu neuen technischen und sozio-ökonomischen Möglichkeiten, dann werden bisher verdrängte Charakterelemente in den fortschrittlichsten Individuen und Gruppen zum Vorschein kommen, und diese neuen Charakterzüge werden dabei helfen, die Gesellschaft in menschlich befriedigendere Formen zu verwandeln. So sehr der Gesellschafts-Charakter in Perioden sozio-ökonomischer Stabilität der Zement der Gesellschaft ist, so wird er in Zeiten drastischer Änderungen zu Dynamit.

Ich fasse zusammen: Es gibt keine „kulturelle" Ausrichtung, die im Gegensatz zu einer „biologischen" stände, wobei Freud für die biologische und ich für die kulturelle Schule stehen würde. Ganz abgesehen von der Tatsache, daß ich kein Gründer einer Schule bin, sondern ein Psychoanalytiker, der Freuds Theorie dadurch zu fördern versuchte, daß ich bestimmte Revisionen vornahm, ist meine Ausrichtung eine sozio-biologische. Für diese tritt der Mensch an einem bestimmten und definierbaren Punkt der Evolution des tierischen Lebens auf. Die Entwicklung der Persönlichkeit wird als der Versuch des Menschen verstanden, mit Hilfe einer dynamischen Anpassung an die gesellschaftliche Struktur, in die er geboren wird, zu überleben.

Die falsche Gegenüberstellung von kultureller und biologischer Ausrichtung ist teils Ausdruck der allgemeinen Tendenz, Ideen lieber in bequeme Klischees zu packen, als sie zu verstehen, teils ist sie der Ideologie der bürokratisch organisierten Internationalen Psychoanalytischen Gesellschaft verpflichtet, in der es Mitglieder und Sympathisanten gibt, die anscheinend ein leicht zu begreifendes Etikett brauchen, um ihre Abneigung gegen die Ideen jener Psychoanalytiker rationalisieren zu können, die davon überzeugt sind, daß Psychoanalyse und bürokratischer Geist unversöhnlich sind.

II. Die dialektische Revision der Psychoanalyse

1. Die Notwendigkeit der Revision der Psychoanalyse

Revision ist ein normaler Prozeß innerhalb der Wissenschaft. Eine Theorie, die über 60 Jahre die gleiche bleibt, ohne revidiert zu werden, bleibt paradoxerweise nicht die gleiche, sondern wird zu einem System steriler Formeln. Die entscheidende Frage lautet nicht, ob oder ob nicht revidiert werden soll, sondern *was* revidiert wird und in welche Richtung die Revision führt: Setzt sie die Richtung der ursprünglichen Theorie fort, auch wenn sie viele einzelne Hypothesen innerhalb der Theorie ändert, oder verkehrt sie die Richtung, obwohl sie beansprucht, nur die Gedanken ihres Meister weiterzuführen?

Sehen wir das Problem des Revisionismus in dieser Weise, dann stoßen wir auf die schwierige Frage, wer darüber entscheidet, was das Wesentliche der ursprünglichen Theorie ist. Es ist klar, daß ein monumentales Werk eines Genies, das im Zeitraum von über 40 Jahren wächst und sich ändert, bei diesem Prozeß Widersprüche zeitigt. So ist es notwendig, seinen Kern zu verstehen, sozusagen sein Wesen im Unterschied zur Gesamtsumme aller Theorien und Hypothesen. Aber die Frage bleibt, wer darüber entscheidet, was dieses Wesentliche ist. Der Gründer des Systems? Dies wäre freilich sehr wünschenswert und die bequemste Lösung für alle, die nach dem Meister kommen. Meistens ist dies aber leider nicht möglich.

Selbst der größte Denker ist ein Kind seiner Zeit und von

Vorurteilen und Denkgewohnheiten beeinflußt. Oft ist er derart von der Auseinandersetzung mit älteren Ansichten oder der Formulierung von neuen und originellen absorbiert, daß er selbst den Durchblick verliert, was denn nun wirklich für sein System wesentlich ist. Er mag einige Details, die er unbedingt braucht, um zu neuen Erkenntnissen fortzuschreiten, als wichtiger ansehen als jene, die seine Entdeckungen rezipieren und dabei nicht mehr auf die Hilfskonstruktionen angewiesen sind.

Wer kommt sonst noch in Frage, darüber zu befinden, was wesentlich ist? Die Autoritäten? Dieses Wort klingt wohl deplaziert im Zusammenhang mit wissenschaftlichen Entdeckungen, doch es ist durchaus angemessen. Wissenschaft wird oft durch Institutionen und von Bürokraten verwaltet, die über die Geldmittel verfügen, über die Ausstattung von Forschungsvorhaben befinden usw. und die in der Tat einen beherrschenden Einfluß auf die Richtung haben, die wissenschaftliche Entwicklung nehmen soll. Dies ist zwar nicht immer der Fall, aber bei der psychoanalytischen „Bewegung" war es zweifellos so. Ohne in eine Erörterung der Gründe einzusteigen, glaube ich, daß die psychoanalytische Bürokratie versucht hat festzulegen, welche Theorien und therapeutischen Praktiken verdienen, „Psychoanalyse" genannt zu werden, und ich denke nicht, daß diese Wahl von einem wissenschaftlichen Standpunkt aus allzu erfolgreich war. Dies ist auch kein Wunder: Wissenschaftliche Bürokratien erwerben wie alle anderen bald unabdingbare Rechte hinsichtlich Macht, Rangfolge und Prestige, und indem sie über die Theorie Herrschaft ausüben, können sie Menschen beherrschen.

Wenn weder ihr Schöpfer noch die offizielle Bürokratie eine Antwort auf die Frage nach dem, was für irgendein großes theoretisches Gebäude (wie etwa den Platonismus, Spinozismus, Marxismus oder den Freudianismus) wesentlich ist, geben kann, wie läßt sich dann das Wesentliche bestimmen? Die Antwort auf diese Frage kann nicht sehr befriedigend ausfallen, weil sie uns keine klare und feste Regel gibt, doch ist die folgende meines Erachtens noch die einzig brauchbare.

Das Wesen eines Systems zu entdecken, ist primär eine historische Aufgabe. Wer sich dieser Aufgabe unterziehen will, muß herausfinden, was die neuen und kreativen Gedanken in dem System waren, die den allgemein akzeptierten Ansichten und Ideen zu dieser Zeit widersprachen. Dann muß man fortfahren und das allgemeine „Klima" des Denkens und der persönlichen Erfahrung sowohl auf gesellschaftlicher Ebene wie im Leben des Meisters für jene Zeit erforschen, in der das System geschaffen wurde. Man muß herausarbeiten, wie der Meister seine neuen Entdekkungen auszudrücken versuchte und mit welchen Begriffen er an das Denken seiner Zeit anknüpfen wollte, so daß sich weder er noch seine Anhänger völlig isoliert oder „verrückt" vorkamen. Dann gilt es zu verstehen, wie die Formulierungen des ursprünglichen Systems von dem Versuch beeinflußt wurden, einen Kompromiß zwischen dem Neuen und dem bereits Bestehenden zu finden. Schließlich gilt es herauszufinden, wie der Kerngedanke des Systems erweitert, übersetzt und revidiert werden könnte im Prozeß des gesellschaftlichen Wandels und angesichts des Wandels der Erfahrung und des Lebensstils.

Auf eine kurze Formel gebracht, kann der entscheidende Punkt so ausgedrückt werden: Das Wesen des Systems ist das, was das traditionelle Denken übersteigt, wobei dieses Wesen von dem traditionellen Gepäck, in das dieses transzendierende Denken hineingepackt und formuliert ist, befreit werden muß.

Im Hinblick auf das System, das Freud geschaffen hat, glaube ich, daß folgende Entdeckungen die entscheidenden waren:

(1) Der Mensch wird weitgehend von Trieben bestimmt, die wesentlich irrational sind und mit seiner Vernunft, seinen moralischen Standards und den Standards seiner Gesellschaft in Konflikt stehen.

(2) Die meisten dieser Triebe sind ihm nicht bewußt. Der Mensch erklärt sich sein Handeln zwar als Ergebnis vernünftiger Motive (rationalisiert sie also), doch er denkt, fühlt und handelt entsprechend den unbewußten Kräften, die sein Verhalten motivieren.

(3) Jedem Versuch, das Vorhandensein und die Geltung [der unbewußten Triebwünsche] zu Bewußtsein zu bringen, begegnet der Mensch mit energischer Abwehr und mit Widerstand, die viele Formen annehmen können.

(4) Abgesehen von seiner konstitutionellen Ausstattung ist die Entwicklung des Menschen weitgehend von den in seiner Kindheit wirksamen Umständen bestimmt.

(5) Die unbewußten Motive des Menschen können durch Schlußfolgerungen (Deutungen) aus seinen Träumen, Symptomen und unbeabsichtigten kleinen Handlungen erkannt werden.

(6) Konflikte zwischen dem, wie der Mensch sich und seine Welt sieht und den ihn unbewußt motivierenden Kräften können, wenn ihre Stärke einen bestimmten Stellenwert überschreiten, psychische Störungen wie Neurosen, neurotische Charakterzüge oder ganz allgemein diffuse Lustlosigkeit, Angstzustände, Depressivität usw. hervorrufen.

(7) Wenn die unbewußten Kräfte bewußt werden, dann hat dieser Wandel einen höchst bedeutsamen Effekt: Das Symptom verschwindet, ein Anwachsen der Energie findet statt, der Mensch lebt in größerer Freiheit und mit größerer Freude.

Jede dieser sieben Entdeckungen Freuds hat eine spezielle Beziehung zu dem historischen Hintergrund, vor dem Freud arbeitete. Freud war zugleich der Höhepunkt und das Ende der Periode des Rationalismus und der Aufklärung. Insofern er an die Macht der Vernunft und an ihre Fähigkeit, die lösbaren Rätsel des Lebens zu lösen, glaubte, war er ein Rationalist. Aber Freud transzendierte den Rationalismus dadurch, daß er erkannte, daß der Mensch in einem Ausmaß von irrationalen Kräften motiviert wird, das der Rationalismus des 18. Jahrhunderts nicht vorhersah. Diese Entdeckung der Irrationalität des Menschen und der unbewußten Eigenart der irrationalen Kräfte ist die radikalste Entdeckung von Freud. Mit ihr transzendierte er – und besiegte im gewissen Sinn auch – den optimistischen Rationalismus, der im Mittelklasse-Denken seines Jahrhunderts gang und gäbe war. Er entthronte das bewußte Denken von seinem erhöhten Platz, gleichzeitig gab er der Vernunft dadurch eine noch größere Bedeutung, daß sie das bewußte Denken kritisieren sollte. Dadurch, daß Freud fähig war, das Irrationale rational zu erklären, stellte er die Vernunft auf eine neue und noch weitaus solidere Basis.

Freud wäre wohl zum Anwalt von Pessimismus und Hoffnungslosigkeit geworden, hätte er nicht eine Methode entdeckt, mit der er den Menschen von der Macht der irrationalen Kräfte befreien konnte, indem das Unbewußte bewußt gemacht wird. Dieses Prinzip, das Freud einmal in die Worte faßte: „Wo Es war, soll Ich werden" (S. Freud, 1933a. S. 86), verwandelte die Einsicht in die Irrationalität des Menschen in ein Instrument seiner Befreiung. Freud öffnete deshalb nicht nur eine neue Dimension von Wahrheit, sondern auch eine neue Dimension der Freiheit. Handelsfreiheit oder die Freiheit, sein Eigentum zu gebrauchen, sowie politische Freiheit bedeuten vergleichsweise wenig, wenn der Mensch sich nicht von seinen inneren irrationalen und unbewußten Kräften selbst befreien kann. Der freie Mensch ist der, der sich selbst kennt, allerdings auf eine neue Weise. Er muß die täuschende Oberfläche des bloßen Bewußtseins durchdringen und die verborgene Realität in sich erfassen.

Hat Freud in all diesen Aspekten das rationalistisch-optimistische Menschenbild, das tief im Denken und Fühlen seiner Zeit verwurzelt war, herausgefordert, so war er doch in anderen Aspekten vom zeitgenössischen Bezugsrahmen abhängig. Dies gilt vor allem für seine Bewunderung des mechanistischen Materialismus und die Anwendung seiner Methoden. Deren führende Vertreter waren eine Gruppe deutscher Professoren: Hermann Ludwig F. Helmholtz, Du Bois-Reymond und Ernst von Brücke. Letzterer war Freuds Lehrer und Vorgesetzter als Leiter des psychologischen Laboratoriums an der Universität zu Wien. Er hinterließ bei seinen Studenten, die ihm Dankbarkeit und Bewunderung entgegenbrachten, einen bleibenden Eindruck.

Als Freud von der Physiologie, Neurologie und Psychiatrie (wie man sie damals verstand) zur Psychologie wechselte, behielt er dennoch die grundlegenden Begriffe und Methoden bei, von denen er auf Grund des Brücke'schen Werks durchdrungen war. Er suchte das physiologische Substrat der psychischen Energie (Libido). Auch das „Neurologisieren", wie es in Brückes Laboratorium gepflegt wurde, behielt er in seinem Denken für den Bereich der Psychoanalyse bei. Begriffe wie „Besetzung" von Energie, „gebundene" und „freie" Energie, „Verschiebung" von Energie gehören zu den grundlegenden Kategorien seines neuen Denkens.

Zieht man alles in Betracht, dann werden die geschichtsträchtigen Entdeckungen Freuds deutlich: (1) Freud entdeckte, daß es mächtige irrationale Kräfte gibt, die den Menschen motivieren; (2) Freud entdeckte die unbewußte Natur dieser Kräfte; (3) Freud entdeckte ihre (unter bestimmten Umständen) krankmachende Funktion; (4) Freud entdeckte den heilenden und befreienden Einfluß der Bewußtmachung des Unbewußten.

Die Entdeckungen Freuds wurden von jenen Psychiatern und Psychologen attackiert, die sie nicht verstanden. Auch frühere Schüler und Anhänger von Freud wandten sich gegen sie; diese hatten sie zwar verstanden, doch nahmen sie eine kritische Stellung gegen sie ein und wollten sich gleichzeitig vom Joch der überlegenen Rolle Freuds und seiner oft hartnäckigen Weigerung, die Entdeckungen zu revidieren, befreien. Unter diesen Rebellen sind Alfred Adler und Carl Gustav Jung die bekanntesten. Sie schlugen Revisionen vor, die wohlbegründet waren; einige von ihnen übernahm Freud später selbst.

Alfred Adler sah lange vor Freud die Wichtigkeit der aggressiven und destruktiven Impulse. Carl Gustav Jung befreite den Begriff der psychischen Energie von seiner Verengung als rein sexuelle Energie und entwickelte seine eigene Auffassung von psychischer Energie. Jung hatte auch ein umfassenderes Verständnis der Symbolsprache und der Mythologie als Freud. Er erkannte, daß der Mensch nicht nur, ja nicht einmal in erster Linie von persönlichen Faktoren in seinem Leben beeinflußt ist, sondern daß diese persönlichen Faktoren, wie zum Beispiel die Mutter, universelle Phänomene und Archetypen repräsentieren, die einen mächtigen Einfluß auf das Leben eines jeden Menschen haben, und zwar unabhängig von der Persönlichkeit einer ganz konkreten Mutter.

Im Hinblick auf diese Vorbehalte und Revisionen gibt es eigentlich keinen vernünftigen Grund, oder doch zumindest keinen zwingenden Grund für eine Spaltung. Selbst Freuds eigene Unnachgiebigkeit und der persönliche Ehrgeiz von Adler und Jung reichen nicht für eine Erklärung aus. Der wahre Grund und die Notwendigkeit für einen Bruch ergaben sich aus der Tatsache, daß Adler und Jung –

jeder auf seine Weise – Freuds grundlegende Einstellung nicht teilten. Adler war zwar begabt und besaß einen großen psychologischen Scharfsinn, aber er war kein Mann, der an der Grenze des Rationalismus stand und in den Abgrund der Irrationalität schaute. Er gehörte zu einer Gruppe von Menschen, die einen neuen, verhältnismäßig oberflächlichen Optimismus vertraten, und die für die neue Mittelschicht Deutschlands und Österreichs vor und nach dem Ersten Weltkrieg typisch war. Ihrem Denken war nichts Paradoxes oder Tragisches zu eigen, vielmehr glaubten sie, daß es mit der Welt immer nur aufwärts gehen könne und daß Hindernisse und Nachteile in Vorteile zu wenden seien. (Den gleichen naiven Optimismus gab es auch bei den österreichischen Reformisten und den deutschen Sozialdemokraten, zu denen sich Adler zählte.)

Jung lebte in einer völlig anderen geschichtlichen Situation. Er war von Grund auf ein Romantiker und ein Antirationalist. Für diese romantische Tradition war das Irrationale nicht etwas, das es zu verstehen und damit zu überwinden galt; für sie war das Irrationale vielmehr der Urquell der Weisheit, den es zu erforschen, zu verstehen und in sich aufzunehmen galt, um sein Leben zu bereichern und zu vertiefen. Freud war am Irrationalen und Unbewußten interessiert, weil er den Menschen von deren Macht befreien wollte; Jung hingegen wollte dem Menschen helfen und ihn heilen, indem er ihm half, mit seinem Unbewußten in Berührung zu sein. Freud und Jung waren wie zwei Menschen, die jeweils in die entgegengesetzte Richtung gehen, sich für einen Moment an der gleichen Stelle treffen, sich angeregt unterhalten und dabei vergessen, daß sich die Distanz zwischen ihnen wieder vergrößern wird, wenn sie ihren Spaziergang fortsetzen.

Die dritte Gruppe von Dissidenten wird gewöhnlich „Neo-Freudianer“ oder „Kulturalisten“ oder einfach „Revisionisten“ genannt. Die wichtigsten Vertreter dieser Gruppe [in

Amerika] sind Harry Stack Sullivan, Karen Horney und ich selbst. Natürlich gab es auch andere, die beträchtlich von den herrschenden orthodoxen Ansichten abwichen, wie etwa Franz Alexander und Sándor Radó. Da sie aber innerhalb der Freudschen Organisation verblieben, wurde das Etikett „Neofreudianer" auf sie nicht angewandt.

Die sogenannten Neofreudianer vertreten überhaupt keine übereinstimmenden Ansichten. Gemeinsam ist ihnen lediglich eine größere Betonung der kulturellen und gesellschaftlichen Fakten, als dies sonst bei den Freudianern üblich ist. Doch diese Betonung war gewiß nur eine Weiterentwicklung von Freuds eigener gesellschaftlicher Orientierung, die den Menschen immer in seinem sozialen Kontext sah und die der Gesellschaft eine entscheidende Rolle beim Verdrängungsprozeß zusprach. Sullivan ging es weniger um Sexualität und mehr um die Vermeidung von Angst und Unsicherheit. Horney betonte die Rolle der Angst, der Furcht und der unversöhnlichen Ich-Ideale. Außerdem schlug sie grundlegende Veränderungen in bezug auf Freuds Psychologie der Frau vor.

Ich selbst bekam immer mehr Zweifel an der Libidotheorie und entwickelte eine Theorie, in deren Mittelpunkt die Bedürfnisse stehen, die sich aus den Existenzbedingungen des Menschen ergeben. Ich betone die Rolle der Gesellschaft, und zwar nicht als „Kultur", sondern als eine bestimmte Gesellschaft, die entsprechend den Maximen ihrer Produktionsweise und ihrer wichtigsten Produktivkräfte strukturiert ist. Darüber hinaus betone ich die Bedeutung von Werten und ethischen Fragen für das Verstehen des Menschen.

Keine der oben aufgezählten grundlegenden Theorien Freuds wurde angegriffen, noch versuchte einer der drei Psychoanalytiker eine neue Schule zu gründen, die die Freudsche ersetzen sollte. Daß sie die Freudsche Organisation verließen, hatte vor allem mit der Intoleranz der Bürokratie gegenüber den Dissidenten zu tun und gerade nicht mit deren Vorhaben, für neue oder antifreudsche Systeme Organisationen zu gründen. In dieser entscheidenden Hinsicht sind die Neofreudianer völlig anders als Adler und Jung. Dieser Unterschied drückt sich symbolisch darin aus, daß Adler und Jung ihren Systemen einen neuen Namen gaben (Individualpsychologie bzw. Analytische Psychologie), während die Neofreudianer darauf bestanden, am Wort „Psychoanalyse" festzuhalten, wogegen einige Freudianer protestierten, die behaupteten, daß jene, die nicht den Regeln der Organisation entsprächen, sich auch nicht mehr Psychoanalytiker nennen dürften. (Zu welcher Absurdität dieser bürokratische Geist führen kann, zeigt sich beispielhaft darin, daß der Gebrauch der Couch und eine Wochenfrequenz von fünf Sitzungen zu Kriterien wurden, die darüber entscheiden, ob jemand Psychoanalyse machte oder nicht.)

Von einem wissenschaftlichen Standpunkt aus haben die Gründer von neuen Schulen, Adler und Jung, vor allem den Fehler begangen, die großen Entdeckungen Freuds zu bagatellisieren, ja, sie schließlich völlig aufzugeben und durch ihre eigenen und oft mittelmäßigen „Markenzeichen" zu ersetzen. Die Neofreudianer, ich eingeschlossen, mögen mit Recht dafür kritisiert werden, daß sie manchmal Freud zu wenig Aufmerksamkeit geschenkt oder ihn unnötigerweise kritisiert haben. Auch wenn dies vom Prozeß des Kritisierens her verständlich ist, zumal dann, wenn der Kritik mit größter Feindseligkeit auf seiten der Freudianer begegnet wird, so war die Kritik der Neofreudianer meines Erachtens nicht übertrieben oder einseitig. Trotz der großen Unterschiede, die es unter den Neofreudianern gibt, gilt doch für alle, daß im Zentrum ihrer Aufmerksamkeit das Verstehen der unbewußten Prozesse stand und daß es auch ihr Ziel war, das Unbewußte bewußt zu machen. Allerdings versuchte keiner von ihnen, solche Formulierungen zu finden, die bei der Freudschen Bürokratie mit Wohlwollen aufgenommen worden wären und vielleicht zu einer freundlicheren Rezeption des neofreudianischen Denkens hätten führen können.

2. Gegenstand und Methode der Revision der Psychoanalyse

Eine kreative Erneuerung der Psychoanalyse ist nur möglich, wenn sie den positivistischen Konformismus [vgl. hierzu E. Fromm, 1970c, GA IX, S. 47-70] überwindet und wieder zu einer kritischen, herausfordernden Theorie aus dem Geist des Humanismus wird. Eine derart revidierte Psychoanalyse wird fortfahren, noch tiefer in die „Unterwelt" des Unbewußten hinabzusteigen; sie wird allen gesellschaftlichen Arrangements gegenüber, die den Menschen entstellen und deformieren, kritisch sein; und sie wird sich auf jene Prozesse konzentrieren, die zur Anpassung der Gesellschaft an die Bedürfnisse des Menschen führen können, anstatt zur Anpassung des Menschen an die Gesellschaft.

Ihr besonderes Augenmerk richtet die revidierte Psychoanalyse auf jene psychischen Phänomene, die die Pathologie der gegenwärtigen Gesellschaft begründen: auf Entfremdung, Angst, Einsamkeit, auf die Angst vor tiefreichenden Gefühlen, auf den Mangel an Tätigsein und auf das Fehlen von Freude. Diese Symptome haben die zentrale Rolle übernommen, die die Verdrängung der Sexualität zur Zeit Freuds innehatte. Die psychoanalytische Theorie muß deshalb so gefaßt werden, daß sie die unbewußten Aspekte dieser Symptome und deren krank machenden Bedingungen in Gesellschaft und Familie verständlich macht. Darüber hinaus muß die Psychoanalyse die „Pathologie der Normalität" erforschen, jene chronische, leichte Schizophrenie, die von der kybernetisch organisierten technologischen Gesellschaft von heute und morgen erzeugt wird.

Ich halte eine dialektische Revision der klassischen Freudschen Theorie bzw. ihrer Weiterführung in folgenden Bereichen für notwendig: in bezug auf die Triebtheorie, auf die Theorie des Unbewußten, auf die Theorie der Gesellschaft, die Theorie der Sexualität und des Körpers sowie in bezug auf die psychoanalytische Therapie. Allen Bereichen der Revision sind bestimmte Elemente gemeinsam:

a) Der Wechsel des philosophischen Hintergrundes von einem mechanistischen Materialismus entweder zu einem historischen Materialismus und einem prozessualen Denken oder zur Phänomenologie und zur Existenzphilosophie.

b) Gemeinsam ist auch ein anderer Erkenntnisbegriff, da es um die Erkenntnis von Menschen geht; dieser unterscheidet sich von dem in den Naturwissenschaften üblichen. Es geht dabei um den grundsätzlichen Unterschied zwischen dem hebräischen und dem griechischen Begriff von Erkenntnis. Für das hebräische Denken war „erkennen" (*jada*) gerade kein Abstraktionsvorgang, sondern hauptsächlich das aktive Erleben eines Menschen, eine konkrete und persönliche Beziehungsweise, wie sie auch im doppelten Wortgebrauch von „erkennen" als eindringende sexuelle Liebe und als tiefes Verstehen ausgedrückt ist. (Vgl. E. Fromm, 1966a, GA VI, S. 139f. – Harry Stack Sullivan kommt diesem hebräischen Verständnis von „Erkenntnis" mit seiner Umschreibung [des Therapeuten] als eines „teilnehmenden Beobachters" nahe; Ronald D. Laing hat dieses Verständnis zur Basis für sein gesamtes Verstehen des Patienten gemacht.) Im griechischen Denken, und hier vor allem bei Aristoteles, ist gegenständliche Erkenntnis unpersönlich und objektiv. Diese Art von Erkenntnis wurde zum Vorbild für die Naturwissenschaften. Zwar denkt der Therapeut auch in diesen gegenständlichen Begriffen, sofern er die vielfältigen Aspekte der Probleme seiner Patienten im Blick hat; sein hauptsächlicher Zugang muß aber die „Erkenntnis auf Grund eines aktiven Erlebens" sein. Sie ist die geeignete wissenschaftliche Methode, Menschen zu verstehen.

c) Gemeinsam ist ferner eine revidierte Vorstellung vom Menschen: Anstelle eines isolierten und erst sekundär sozialen *homme machine* ist der Mensch primär als soziales Wesen zu sehen. Es gibt den Menschen nicht anders denn als bezogenes Wesen, dessen Leidenschaften und Strebungen in den Bedingungen seiner menschlichen Existenz wurzeln.

d) Auch eine humanistische Orientierung ist für alle Bereiche der Revision typisch: Sie geht davon aus, daß alle menschlichen Wesen grundsätzlich ein gleiches Potential haben und daß der andere, weil er letztlich niemand anderer ist als ich selbst, bedingungslos zu akzeptieren ist.

e) Allen Bereichen der Revision sind schließlich gesellschaftskritische Einsichten gemeinsam, die sich aus dem Konflikt zwischen dem Interesse der meisten Gesellschaften, nur das eigene System erhalten zu wollen, und dem Interesse des Menschen an einer optimalen Entfaltung seiner ihm eigenen Möglichkeiten ergeben. Dies bedeutet, daß man sich weigert, Ideologien um ihrer selbst willen zu akzeptieren, und daß man statt dessen die Suche nach der Wahrheit als einen Prozeß versteht, bei dem man sich von Illusionen, falschem Bewußtsein und von Ideologien befreit.

Die genannten Bereiche, in denen es zu einer produktiven Entwicklung der Psychoanalyse kommen soll, sind nie unabhängig voneinander zu sehen. Sie gehören vielmehr zusammen und werden hoffentlich in einem revidierten System der Psychoanalyse integriert werden. Leider gab es bisher viel zu wenig Kontakt zwischen einigen dieser Bereiche mit bestimmten anderen. Aus diesem Grund ist es vorteilhaft, sie im nachfolgenden Versuch getrennt zu behandeln und dabei zu verdeutlichen, was mit der „dialektischen Revision der psychoanalytischen Theorie" gemeint ist.

Die dialektische Revision verfolgt zwei Ziele. Zum einen will sie Freuds Erkenntnisse und theoretische Schlußfolgerungen im Lichte zusätzlicher Erkenntnisse, neuer philosophischer Deutungsrahmen und der gesellschaftlichen Veränderungen der letzten Jahrzehnte überprüfen. Zum anderen aber ist sie eine Kritik an Freud auf der Basis einer Art „Psychoanalyse von Theorien". Jeder kreative Denker sieht mehr, als er in Worten ausdrücken kann oder als er sich bewußt wird. Um Theorien zu formulieren, muß er oft einen bestimmten Bereich seiner Erkenntnis ausschließen und wird sich nie bewußt, daß es noch andere Möglichkeiten gibt oder daß diese ihre eigene Gültigkeit haben. Selbstverständlich wird er jene Elemente seiner Beobachtungen und Gedanken wählen, für die er die meisten Belege hat und die am besten in den Rahmen seiner eigenen philosophischen, politischen und religiösen Überzeugungen passen. Träfe er keine derartige Auswahl, würde er zu sehr zwischen den verschiedenen Möglichkeiten, etwas anzuschauen und zu erklären, hin und her gerissen werden und käme nie zu einer systematischen Theorie.

Wie kommen wir aber zu dem Schluß, daß er unbewußt auch andere Möglichkeiten denkt, ja, daß er sich selbst voraus ist? In Wirklichkeit ist es nicht sehr viel anders als bei einer Psychoanalyse: Wir schließen auf die Gegenwart unbewußter Ideen auf Grund von eigentümlichen Auslassungen, Versprechern, Unter- oder Übertreibungen, Unentschlossenheiten, abrupten Übergängen, Träumen usw.

Im Fall der Psychoanalyse von Theorien benützen wir dieselbe Methode, außer, daß wir keine Träume haben: Wir analysieren genau die Art und Weise, in der ein Autor sich ausdrückt, wir spüren die immanenten Widersprüchlichkeiten auf, die er nicht ganz glätten konnte, die kurze Erwähnung einer Theorie, auf die er nie wieder zurückgriff, das übermäßige Insistieren auf bestimmten Punkten, das Auslassen einer möglichen Hypothese. Auf diese Weise können wir schlußfolgern, daß der Autor sich bestimmter anderer Möglichkeiten gewahr gewesen sein muß, aber doch nur so wenig, daß sie nur gelegentlich einen kurzen offenen Ausdruck finden, während sie ansonsten wirklich verdrängt bleiben. Die Brauchbarkeit und Gültigkeit einer solchen Psychoanalyse von Theorien wird freilich von denen verneint werden, die die Richtigkeit der Psychoanalyse auch sonst verneinen, bzw. von solchen, die im Werk eines Psychologen, Soziologen, Historikers nichts anderes als ein Produkt eines von persönlichen Faktoren unbeeinflußten Intellekts sehen.

Im Unterschied zur Psychoanalyse von Personen konzentriert sich die Psychoanalyse von Theorien nicht primär auf verdrängte Gefühle und Wünsche, sondern auf verdrängte Gedanken und auf die Entstellungen im Denken eines Autors. Sie versucht, die verborgenen Gedanken zu erforschen und die Entstellungen zu erklären. In jedem Fall spielen bei einer solchen Analyse psychologische Überlegungen eine wichtige Rolle. Ganz offensichtlich ist der Fall dort, wo die Ängste eines Autors ihn von logischen Schlußfolgerungen abhalten und ihn dazu bringen, seine eigenen Daten falsch zu interpretieren, oder wo es ihm gefühlsmäßige Vorurteile verunmöglichen, bestimmte Fehler in seiner Theorie zu sehen und auf bessere theoretische Erklärungen zu kommen (bei Freud ist seine patriarchale Befangenheit am eindrucksvollsten). Es kommt aber nicht so sehr darauf an, die gefühlsmäßigen Motivationen aufzudecken, als vielmehr die Ideen zu rekonstruieren, die – aus welchen Gründen auch immer – nicht oder nur indirekt und vorübergehend zum manifesten Inhalt des Denkens eines Autors wurden.

Die Gründe für die Verdrängung von bestimmten oder möglichen Einsichten sind natürlich von Autor zu Autor sehr verschieden. Ein häufiger Grund für die Verdrängung von unpopulären oder sogar gefährlichen Gedanken ist Angst. Ein anderer ist tief in affektiven „Komplexen" verwurzelt; ein weiterer ist ein starker Narzißmus, der für eine hilfreiche Selbstkritik hinderlich ist. Im Falle von Freud spielte wohl weder Angst noch Narzißmus eine wichtige Rolle, doch ist ein anderes Motiv wohl ganz bezeichnend: Freuds Rolle als Führer einer „Bewegung". Seine Anhänger wurden durch die gemeinsame Theorie verbunden. Hätte Freud seine Theorie in entscheidenden Punkten geändert, hätte er wohl sein Streben nach Wahrheit befriedigt, aber er hätte in den Reihen seiner Anhänger Verwirrung gestiftet und so die Bewegung gefährdet. Ich halte es für möglich, daß seine Angst, die Bewegung zu gefährden, manchmal seine wissenschaftliche Leidenschaft beeinträchtigt hat.

Ich möchte betonen, daß die Psychoanalyse von Theorien kein Urteil darüber beansprucht, ob eine Theorie richtig oder falsch ist. Sofern dafür Anzeichen vorliegen, fördert sie nur ans Tageslicht, was ein Autor hinter und jenseits von dem, was er zu denken glaubte, noch an Gedanken gehabt haben mag. Die Psychoanalyse von Theorien kann uns also helfen, den Autor besser zu verstehen, als dieser sich selbst verstand. Über die Gültigkeit der erschlossenen Möglichkeiten kann aber nur auf dem Boden ihrer wissenschaftlichen Verdienste argumentiert werden.

3. Aspekte einer revidierten Triebtheorie

Besonders seit 1941 habe ich in meinen Veröffentlichungen versucht, eine revidierte Theorie jener Triebe und Leidenschaften zu entwickeln, die das menschliche Verhalten zusätzlich zu denen, die seiner Selbsterhaltung dienen, motivieren. Ich habe angenommen, daß diese Triebe nicht adäquat erklärt werden können, wenn man sie als rein chemischen Prozeß von Spannung und Entspannung begreift, sondern nur, wenn man sie auf der Basis der „Natur" des Menschen versteht.

Mein Begriff von „Natur" oder „Wesen" des Menschen, also von dem, was den Menschen zum Menschen macht, unterscheidet sich jedoch von all jenen Vorstellungen, die fordern, daß das Wesen des Menschen in positiven Begriffen beschrieben werden könne, etwa als Substanz oder als eine unveränderliche Struktur mit bestimmten unwandelbaren Qualitäten wie gut oder böse, liebend oder hassend, frei oder unfrei etc. *Das „Wesen" des Menschen ist ein Widerspruch*, der sich nur beim Menschen finden läßt: *in der Natur und all ihren Gesetzen unterworfen zu sein* und gleichzeitig die *Natur zu transzendieren*, weil der Mensch, und nur er, sich seiner selbst und seines Daseins bewußt ist. Der Mensch ist tatsächlich das einzige Beispiel in der Natur, wo Leben sich seiner selbst bewußt wurde.

Seiner unauflösbaren existentiellen Widersprüchlichkeit (existentiell hier im Unterschied zu historisch bedingten Widersprüchen, die man zum Verschwinden bringen kann, wie etwa den Widerspruch zwischen Reichtum und Armut) liegt eine *biologisch gegebene Tatsache* zugrunde: Der Mensch taucht aus der tierischen Evolution zu dem Zeitpunkt auf, als seine Determinierung durch Instinkte ein Minimum erreicht hat, während gleichzeitig sich jene Dimension des Gehirns, die die Grundlage für Denken und Vorstellung ist, weit über jenes Maß hinausentwickelt hat, das sich bei den Primaten findet. Dieser Umstand macht den Menschen einerseits hilfloser als das Tier, gibt ihm andererseits aber auch die Möglichkeit für eine neue, wenn auch gänzlich andere Art von Stärke. Der Mensch *als* Mensch wurde aus der Natur hinausgeworfen und ist ihr doch unterworfen. Er ist sozusagen eine Laune der Natur. Diese *biologische* Tatsache der dem Menschen eigenen Widersprüchlichkeit verlangt Lösungen, das heißt, verlangt nach einer *menschlichen* Entwicklung.

Das Bewußtsein, aus seiner natürlichen Grundlage herausgerissen und nur noch ein isoliertes und unbezogenes Teilchen in einer chaotischen Welt zu sein, würde den Menschen verrückt werden lassen. (Der Verrückte ist der, der seinen Platz in einer strukturierten Welt, die er mit anderen teilt und in der er sich orientieren kann, verloren hat.) Deshalb zielen alle Energien des Menschen darauf, die unerträgliche Widerspruchssituation in eine erträgliche zu verwandeln und je neue und – soweit möglich – bessere Lösungen für den Widerspruch zu schaffen. Sämtliche Leidenschaften und Begierden des Menschen – normale, neurotische oder psychotische – sind Versuche des Menschen, seinen immanenten Widerspruch zu lösen. Da es für den Menschen lebensnotwendig ist, eine Lösung zu finden, sind seine Lösungsversuche mit der ihm zur Verfügung stehenden Energie geladen. Sie gehen über die Frage des physischen Überlebens hinaus und stellen Versuche dar, dem Erleben der Nichtigkeit und des Chaos zu entgehen und einen Rahmen der Orientierung und Hingabe zu finden. Sie dienen dem psychischen, nicht dem physischen Überleben. Sie sind – in einem weiten Wortsinn – „spirituelle" Wege, wobei ich mit „spirituell" leidenschaftliche Strebungen meine und unter „Spiritualität" im Sinne von S. Sontag (1969, p. 3) „Entwürfe, Terminologien, Ideen einer Haltung (verstehe), die auf die Fülle menschlichen Bewußtseins, auf Transzendenz ausgerichtet sind und die darauf zielen, den schmerzvollen strukturellen Widerspruch, der der menschlichen Situation innewohnt, aufzulösen."

Nach der hier vertretenen Theorie ist die *Natur oder das Wesen des Menschen nichts anderes als der Widerspruch, welcher der biologischen Konstitution des Menschen innewohnt und der verschiedene Lösungen hervorbringt*. Das Wesen des Menschen ist dabei nicht mit einer dieser Lösungen identifizierbar. Natürlich sind Anzahl und Qualität der Lösungen nicht beliebig und unbegrenzt, sondern durch die Eigengesetzlichkeiten des menschlichen Organismus und seiner Umwelt determiniert. Mit den Erkenntnissen der Geschichte, der Psychologie des Kindes, der Psychopathologie und besonders denen der Geschichte der Kunst, Religion und Mythen lassen sich zwar schon bestimmte Hypothesen über mögliche Lösungen formulieren; da die Menschheit bisher aber unter dem Prinzip des Mangels und deshalb auch der Gewalt und Herrschaft lebte, sind die Möglichkeiten von solchen Lösungen noch lange nicht ausgeschöpft. Mit der Möglichkeit, ein soziales Leben auf der Basis des Überflusses zu gestalten, so daß lähmende Herrschaftsformen verschwinden können, wird auch die Entwicklung von neuen Lösungsversuchen für die existentiellen Widersprüche wahrscheinlich.

Meine Theorie vom Wesen des Menschen ist dialektisch. Sie steht im Widerspruch zu solchen Theorien, die als das Wesen eine Substanz oder feststellbare Qualität des Menschen annehmen. Sie steht aber auch im Gegensatz zu Vorstellungen der Existenzphilosophie, ja, sie stellt eine Kritik existenzphilosophischen Denkens dar. (Die hier vertretenen Ansichten kreisen zwar um das Problem der menschlichen Existenz und könnten deshalb existentialistisch oder existenzphilosophisch genannt werden. Eine solche Bezeichnung wäre aber sehr irreführend, da sie kaum etwas mit Existenzphilosophie zu tun haben. Es wäre passender, einen deskriptiven Begriff zu wählen, um deutlich zu machen, daß meine Ansichten im radikalen Humanismus verwurzelt sind.) Wenn die Existenz der Essenz vorausgeht, was bedeutet dann auf den Menschen hin gesehen Existenz? Die Antwort kann nur heißen, daß die Existenz des Menschen von den physiologischen und anatomischen Merkmalen determiniert wird, die für alle Menschen seit dem Auftauchen aus dem Tierreich charakteristisch sind; ansonsten bleibt „Existenz“ ein abstrakter und leerer Begriff. Charakterisiert der biologische Widerspruch jedoch nicht nur die physische Existenz des Menschen, sondern resultieren aus ihm auch psychische Widersprüche, die nach Lösungen verlangen, dann ist Sartres Äußerung, daß der Mensch nur das sei, was er aus sich selbst macht (vgl. J.-P. Sartre, 1957) unhaltbar. Was der Mensch aus sich macht und was er wünschen kann, sind die verschiedenen Möglichkeiten, die sich aus seinem Wesen ergeben, und dieses Wesen ist nichts anderes als sein existentiell-biologischer und psychischer Widerspruch. Die Existenzphilosophie definiert aber Existenz nicht in diesem Sinne; sie bleibt deshalb gerade wegen der abstrakten Natur ihres Existenzbegriffs in einer voluntaristischen Position gefangen.

Der von mir skizzierte Begriff spezifisch menschlicher Leidenschaften ist dialektisch; er versteht psychische Phänomene als das Ergebnis widerstreitender Kräfte. Meines Erachtens empfiehlt er sich, 1. weil er die unhistorische Vorstellung einer definierten Substanz oder Qualität als Wesen des Menschen vermeidet; 2. weil er den Irrtum eines abstrakten Voluntarismus vermeidet, bei dem der Mensch ausschließlich durch Verantwortlichkeit und Freiheit charakterisiert wird; 3. weil er das Verständnis der Natur des Menschen auf die empirische Basis seiner biologischen Konstitution als Mensch stellt und nicht nur erklärt, was er mit dem Tier gemeinsam hat, sondern dialektisch begreift, welche widersprüchlichen Kräfte freigesetzt werden, wenn der Mensch seine animalische Existenz transzendiert; 4. weil er hilfreich ist, um die Leidenschaften und Strebungen zu erklären, die den Menschen motivieren, und zwar seine ganz archaischen wie seine hoch entwickelten.

Die dem Menschen innewohnende Widersprüchlichkeit ist die Grundlage für seine leidenschaftlichen Strebungen; welche von ihnen aktiviert und im Charaktersystem einer Gesellschaft oder eines einzelnen dominant wird, hängt weitgehend von der Gesellschaftsstruktur ab, die mit ihrer besonderen Lebenspraxis, ihren Lehren, Verboten und Sanktionen eine selektive Funktion im Hinblick auf die verschiedenen möglichen Triebe hat.

Die Annahme von Leidenschaften und Trieben, die spezifisch menschlich sind, weil sie durch die existentielle Widerspruchssituation des Menschen hervorgebracht werden, schließt nicht die Existenz von Trieben aus, die in der Physiologie des Menschen wurzeln und die er mit allen Tieren teilt, wie das Bedürfnis zu essen, zu trinken, zu schlafen und – bis zu einem gewissen Grad, um das Überleben der Rasse zu sichern – sein sexueller Trieb. Sie gehören zu dem physiologisch bedingten Bedürfnis nach Überleben und sind, trotz eines gewissen Grads von Gestaltbarkeit, unbeliebig.

Der wesentliche Unterschied zur klassischen Theorie ist darin zu sehen, daß Freud versuchte, alle menschlichen Leidenschaften als in physiologischen oder biologischen Bedürfnissen wurzelnd zu verstehen und er geistreiche theoretische Konstruktionen erfand, um diese Position aufrechtzuerhalten. Im hier vorgestellten theoretischen Rahmenwerk sind die mächtigsten menschlichen Triebe nicht jene nach physischem Überleben, zumindest solange das Überleben nicht bedroht ist; die mächtigsten Triebe sind vielmehr jene, mit denen der Mensch eine Lösung auf seine existentielle Widerspruchssituation zu finden sucht – ein Ziel für sein Leben, das seine Energie in eine Richtung lenkt, mit dem er sich als ein Organismus, der das Überleben sucht, selbst transzendiert und das seinem Leben Bedeutung gibt. Alle klinischen und historischen Erfahrungen zeigen, daß dort, wo der Mensch nur seine biologischen Bedürfnisse verfolgt und befriedigt, er unbefriedigt bleibt und eine Neigung zu ernsten Störungen entwickelt.

Die Triebe können regressiv, archaisch und selbst-destruktiv sein, oder sie können dem Menschen zu seiner vollen

Entfaltung verhelfen und eine Einheit mit der Welt unter der Bedingung von Freiheit und Integrität herstellen. In diesem günstigen Fall sind seine das Überleben transzendierenden Bedürfnisse keine Ausgeburt von Unlust und „Mangel", sondern das Ergebnis seines Reichtums an Möglichkeiten, die ihn leidenschaftlich danach streben lassen, sich in die Objekte, die ihnen entsprechen, zu ergießen: Ein solcher Mensch wünscht zu lieben, weil er ein Herz hat; er denkt gerne, weil er ein Gehirn hat; er möchte berühren, weil er eine Haut hat. Der Mensch braucht die Welt, weil er ohne sie nicht sein kann. Im Vollzug des Bezogenseins auf die Welt wird er eins mit seinen „Objekten" und die Objekte hören auf, Objekte zu sein. (Vgl. hierzu E. Fromm, 1968h, GA V, S. 425). Dieses tätige Bezogensein auf die Welt bedeutet *Sein*; seinen Körper, Besitz, Status, sein Image usw. zu pflegen und zu nähren, bedeutet *Haben* oder *Gebrauchen*.

Aus der Untersuchung der Existenzweise des Habens bzw. des Seins ergeben sich zentrale Fragen einer dialektischen Revision der Triebtheorie der Psychoanalyse. Dies gilt vor allem im Hinblick auf den Begriff des *Ego* als Kennzeichnung des Subjekts beim „Haben" und „Gebrauchen" und des *Selbst* als Kennzeichnung des Subjekts beim „Sein"; ferner ergeben sich wichtige Einsichten aus der Untersuchung der Kategorien von Aktivität und Passivität und des Angezogenseins vom Lebendigen bzw. des Toten. – Eine Revision der klassischen Triebtheorie bezüglich der prägenitalen Sexualität habe ich im 3. Kapitel von *Psychoanalyse und Ethik* (1947a, GA II) vorgenommen. Der zentrale Punkt dieser Revision betrifft die These, daß der „orale" und „anale" Charakter nicht das Ergebnis einer oralen und analen Erregung sind, sondern [diese Charaktere] die besondere Art von Bezogensein zur Welt manifestieren und eine Antwort auf die „psychische Atmosphäre" in Familie und Gesellschaft darstellen.

Hinsichtlich zweier Leidenschaften, *Aggression* und *Eros*, bedarf es einer besonders gründlichen Revision der Theorie. Indem Freud und die meisten anderen psychoanalytischen Autoren nicht zwischen qualitativ verschiedenen Arten von Aggressivität unterschieden – zum Beispiel zwischen einer reaktiven Aggression, die die vitalen Interessen verteidigt, einer sadistischen Leidenschaft nach Allmacht und absoluter Kontrolle und einer nekrophilen Destruktivität, die sich direkt gegen das Leben selbst richtet –, blokkierten sie sich selbst den Weg, um deren Entstehung und Dynamik im einzelnen zu verstehen. Neue Theorien zu den verschiedenen Formen menschlicher Aggressivität sind nicht nur wissenschaftlich gerechtfertigt, sondern werden in einer Welt dringend benötigt, die ernsthaft in Gefahr ist, mit der von ihr hervorgebrachten Aggressivität nicht mehr fertig zu werden. [Vgl. hierzu vor allem das 1973 erschienene Buch *Die Anatomie der menschlichen Destruktivität*, 1973a, GA VII].

In den letzten Jahren wurde eine Hypothese, die ich zuerst in *Die Seele des Menschen* (1964a, GA II) vorgestellt habe, durch viele klinische Beobachtungen, die ich und andere (vor allem Michael Maccoby) machten, bestätigt. Ich vertrete die Auffassung, daß die zwei wichtigsten Kräfte, die den Menschen motivieren, die Biophilie, die Liebe zum Leben, und die Nekrophilie, die Liebe zum Toten, zum Verfall usw., sind. Der biophile Mensch liebt das Leben und bringt alles, was er berührt, auch sich selbst, zum Leben. Der nekrophile Mensch verwandelt wie König Midas alles in etwas Totes, Lebloses, Mechanisches. Nichts anderes als die jeweilige Stärke von Biophilie und Nekrophilie bestimmt die gesamte Charakterstruktur eines Menschen oder einer Gruppe. Diese Auffassung stellt eine Revision von Freuds [Theorie des] Lebens- und Todestriebs auf der Basis klinischer Beobachtungen dar. Im Unterschied zu Freud sehe ich in den zwei Tendenzen keine biologisch gegebenen Kräfte, die in jeder Zelle vorhanden sind; vielmehr ist für mich die Nekrophilie eine pathologische Entwicklung, die eintritt, wenn aus einer Reihe von Gründen eine biophile Entwicklung blockiert oder die Biophilie zerstört wird. Die weitere Erforschung von Biophilie und Nekrophilie stellt eine wichtige Aufgabe für die dialektische Revision der Psychoanalyse dar.

Die Revision von Freuds Verständnis der Liebe ist an die Überprüfung seiner Vorstellung von Libido und Eros geknüpft. Freud hat die Anziehungskraft zwischen Mann und Frau nicht als das primäre Phänomen angesehen, das dem sexuellen Wunsch zugrundeliegt, weil er das sexuelle Verlangen als von rein chemischen Prozessen und Spannungen, die eine Entspannung fordern, hervorgebracht sah. Neben seinem Angezogensein von dieser physiologischen Erklärung gibt es vermutlich noch einen anderen Grund, warum Freud die Polarität von Mann und Frau nicht als ursprüngliches Phänomen ansehen konnte: Polarität bedeutet Gleichberechtigung (wenn auch zugleich Unterschiedlichkeit), aber Freuds streng patriarchale Einstellung machte es ihm unmöglich, in Begriffen einer Gleichberechtigung von Mann und Frau zu denken. Freuds Auffassung von Sexualität schloß den Eros nicht mit ein; er betrachtete den Sexualtrieb beim Mann als von innerchemischen Prozessen hervorgebracht, während er die Frau als das geeignete Objekt für diesen Trieb ansah.

Es entbehrt nicht der Ironie, daß Freud seine Auffassung hätte ändern können, als er seine Theorie vom Eros, der gegen den Todestrieb gerichtet ist, entwickelte. Er hätte vorschlagen können, daß Eros – wie in Platons Mythos – die spezifische Anziehungskraft zwischen Mann und Frau sei, daß Mann und Frau ursprünglich vereint gewesen seien und nach ihrer Trennung nach einem neuen Einswerden verlangten. Eine solche Auffassung hätte auch den großen theoretischen Vorteil gehabt, daß der Eros auch die Anforderungen, die nach Freud an einen Trieb zu stellen sind, nämlich seine Tendenz, auf einen früheren Zustand zurückkehren zu wollen, erfüllt hätte. Aber Freud lehnte es ab, sich in diese Richtung auf den Weg zu machen – meines Erachtens wiederum deshalb, weil eine solche Auffassung bedeutet hätte, die Gleichberechtigung von Mann und Frau zu akzeptieren.

Freuds theoretische Schwierigkeit bezüglich des Problems von Eros und Liebe war beträchtlich. Ähnlich wie er in seinem Frühwerk die Aggression noch nicht als ursprünglichen Trieb betrachtete, auch wenn er sie niemals gänzlich vernachlässigte, sah er die Liebe nur als Epiphänomen an, als „ziel-gehemmte“ Sexualität. Ihr Substrat war die Sexualität, verstanden ganz im Geist seines „physiologisierenden“ Bezugsrahmens. Freuds ursprüngliche Auffassung von Sexualität und sein späterer Begriff von Eros lassen sich tatsächlich nicht miteinander vereinbaren. Sie entstammen völlig verschiedenen Voraussetzungen: Der Eros läßt sich ebensowenig wie der Todestrieb auf eine besondere erogene Zone hin lokalisieren; er wird nicht durch innere, chemisch hervorgebrachte Spannungen und die Notwendigkeit zur Ent-Spannung reguliert; anders als die Libido ist er nicht der Entwicklung unterworfen, sondern wird als wesentlich gleichbleibende Qualität verstanden, die allem Leben eigen ist; schließlich entspricht er nicht den Anforderungen, die Freud an einen Trieb stellt: Ich habe bereits auf Freuds Eingeständnis hingewiesen, daß der Eros nicht die konservative Natur besitzt, die Freud einmal als für einen Trieb wesentlich annahm. Otto Fenichel (1953, S. 364f.) hat hinsichtlich des Todestriebs auf das gleiche Problem hingewiesen.

Freud schenkte den grundsätzlichen Unterschieden zwischen den beiden Triebkonzepten keine Aufmerksamkeit, ja vielleicht war er sich der Unterschiede nicht einmal ganz bewußt. Er versuchte, die alte Triebtheorie an die neue in der Weise anzupassen, daß der Todestrieb an die Stelle des Aggressionstriebs trat und der Eros den Platz der Sexualität einnahm. Doch läßt sich unschwer die Schwierigkeit erkennen, die er bei diesem Bemühen hatte. In der *Neuen Folge der Vorlesungen* spricht er von den „Sexualtrieben, im weitesten Sinn verstanden“ und fügt hinzu, daß sie auch „Eros“ genannt werden, „wenn Sie diese Benennung vorziehen“ (S. Freud, 1933a, S. 110). In *Das Ich und das Es* identifiziert er den Eros mit dem Sexualtrieb *und* dem Selbsterhaltungstrieb (vgl. S. Freud, 1923b, S. 268f.). In *Jenseits des Lustprinzips* bringt Freud nahe, daß „sich uns der Sexualtrieb zum Eros“ gewandelt habe, „der die Teile der lebenden Substanz zueinanderzudrängen und zusammenzuhalten sucht, und die gemeinhin so genannten Sexualtriebe erschienen als der dem Objekt zugewandte Anteil dieses Eros“ (S. Freud, 1920g, S. 66). In seinem letzten Werk, in *Abriß der Psychoanalyse*, behauptet Freud, die Libido sei ein „Exponent“ des Eros (während er früher vom Eros als verwandelter Libido sprach), „die sich ja in der landläufigen Auffassung, *wenn auch nicht in unserer Theorie*, mit dem Eros deckt“ (S. Freud, 1940a, S. 73; Hervorhebung durch mich).

Ich bin der Überzeugung, daß eine „Psychoanalyse der Theorien“ von Freuds Vorstellungen über Sexualität und Liebe zeigen kann, daß sein eigenes Denken zu einer neuen Wertschätzung der Liebe führte, und zwar der Liebe sowohl als ursprünglicher Kraft des Lebens wie in ihrer besonderen Bedeutung als Anziehung zwischen Mann und Frau. Unter der Theorie, wie er sie zum Ausdruck brachte, war eine Auffassung verborgen, in der die Liebe zum Leben, die Liebe zwischen Mann und Frau, die Liebe zum Mitmenschen und die Liebe zur Natur nur als verschiedene Aspekte ein und desselben Phänomens begriffen wurde. Mag sein, daß sich Freud dieser neuen Auffassungen nicht ganz bewußt war; sie offenbaren ihr Vorhandensein auch nur in bestimmten Inkonsequenzen, überraschenden, jedoch isolierten Behauptungen usw. Das innere Schwanken Freuds sollen die folgenden Äußerungen beispielhaft veranschaulichen: In *Das Unbehagen in der Kultur* bemerkt Freud zum Gebot „Liebe Deinen Nächsten wie Dich selbst": „Wozu eine so feierlich auftretende Vorschrift, wenn ihre Erfüllung sich nicht als vernünftig empfehlen kann?" (S. Freud, 1930a, S. 469.) In seinem Brief an Einstein *Warum Krieg?* schrieb er: „Alles, was Gefühlsbindungen unter Menschen herstellt, muß dem Krieg entgegenwirken... Die Psychoanalyse braucht sich nicht zu schämen, wenn sie hier von Liebe spricht, denn die Religion sagt dasselbe: Liebe Deinen Nächsten wie Dich selbst." (S. Freud, 1933b, S. 23.)

Eine Annahme [wie die, daß es bei Freud unterschwellig eine neue Wertschätzung der Liebe gab] bleibt eine Frage der Deutung und Vermutung; sie kann nicht „bewiesen" werden, und doch können zu ihren Gunsten Belege angeführt werden, die die Möglichkeit nahelegen, daß es in Freuds eigenem Denken einen tiefen Konflikt gab. Da ihm dieser niemals ganz bewußt wurde, war er einfach genötigt, ihn zu leugnen und zu behaupten, daß es keinen Widerspruch zwischen seiner Auffassung der Sexualität und der neuen Theorie vom Eros gibt. Wie immer man auch diese Deutung bewerten mag, ich bin davon überzeugt, daß eine dialektische Revision die Widersprüche zwischen Freuds früheren und späteren Theorien erforschen und nach neuen Lösungen suchen sollte, auf die Freud zum Teil wohl selber gekommen wäre, wenn er länger gelebt hätte. [Eine ausführliche Analyse der verschiedenen Triebtheorien Freuds findet sich im 4. Kapitel von *Sigmund Freuds Psychoanalyse – Größe und Grenzen*, 1979a, GA VIII, S. 337-358].

4. Die Revision der Theorie des Unbewußten und der Verdrängung

a) Das Unbewußte und die Verdrängung der Sexualität

Freuds zentrale Entdeckung war die des Unbewußten und der Verdrängung. Er verband diese zentrale Einsicht mit seiner Libidotheorie und nahm an, daß das Unbewußte der Sitz der triebhaften sexuellen Wünsche sei (später machte er geltend, daß auch Teile des Ichs und des Überichs unbewußt seien). Leider begünstigte diese Verknüpfung eine Entwicklung, die das psychoanalytische Denken in die Enge führte.

Dies zeigte sich zuerst darin, daß das gesamte Interesse auf den sexuellen Inhalt, den genitalen und den prägenitalen, gerichtet und der einzig interessante Aspekt des Unbewußten die verdrängte Sexualität war. Wie man auch die Verdienste der Libidotheorie einschätzen mag, Freud schuf mit ihr ein Instrument zur Selbsterkenntnis, das sich weit über den sexuellen Rahmen in alle Bereiche des Unbewußten ausdehnte. Ich, der Mensch, bin gierig, ängstlich, narzißtisch, sadistisch, masochistisch, destruktiv, unehrlich usw., mein Bewußtsein von all diesen Eigenschaften ist aber verdrängt. Konzentriere ich mein ganzes Interesse auf meine verdrängten sexuellen und erotischen Strebungen, dann kann ich mit dieser Art Analyse ganz gut leben, vor allem wenn ich glaube, daß Sexualität – genitale und prägenitale – gut ist und weder verdrängt noch unterdrückt werden sollte. Ich habe dann nicht die schmerzvolle Aufgabe, jene Seite von mir wahrnehmen zu müssen, die nicht mit meinem bewußten Selbstbild übereinstimmt.

Wird die große Freudsche Entdeckung des Unbewußten und Verdrängten auf die Libido begrenzt, verliert sie viel von ihrem in Wirklichkeit kritischen und demaskierenden Charakter. Sie eignet sich dann vor allem als Werkzeug, um andere zu analysieren, jene nämlich, die sich noch nicht von ihren sexuellen Tabus befreit haben. Aber sie hört auf, ein Werkzeug zu sein, mit dem man sich selbst erkennen und verändern kann.

Diese Art von Psychoanalyse kann nicht damit abgetan werden, daß man sie Therapie nennt, die in den Bereich des Klinikers gehört. Es stimmt zwar, daß es auch technische Aspekte der Therapie gibt, aber das Phänomen selbst, das Verstehen meines eigenen Unbewußten und seine Unversöhnlichkeit mit dem Bild, das ich bewußt von mir selbst habe, ist genau die Entdeckung, die der Psychoanalyse ihre Bedeutung gibt, ein radikaler Schritt zur Selbstentdeckung des Menschen und zu einer neuen Weise von Aufrichtigkeit zu sein. Leider ist es Mode geworden, den Begriff der Verdrängung ausschließlich auf die Sexualität anzuwenden und zu glauben, daß das Nichtvorhandensein von verdrängten sexuellen Wünschen bedeute, daß das Unbewußte bewußt gemacht worden sei.

Das Fehlen verdrängter sexueller Wünsche bedeutet beileibe nicht, daß das Unbewußte bewußt gemacht worden ist, wie jene gesellschaftliche Gruppen eindeutig beweisen, in denen die Sexualität in all ihren Formen frei praktiziert und erlebt wird, und zwar ohne die Last der überkommenen Schuldgefühle. Dies ist denn auch eine der bemerkenswertesten Veränderungen in der gegenwärtigen westlichen Gesellschaft. Dabei ist besonders auffällig, daß dieses freie Erleben von Sexualität ohne Schuldgefühle nicht nur bei den radikalen politischen Gruppierungen der jungen Generation zu finden ist. Man findet es ebenso bei den unpolitischen Hippies und unter den nicht politisch engagierten Jugendlichen der Mittelklasse Nordamerikas und Westeuropas sowie in bestimmten Kreisen von Erwachsenen des wohlhabenden Mittelstandes. Es hat den Anschein, daß die sexuelle Befreiungsbewegung, deren begabtester Verfechter Wilhelm Reich war, alle Gruppierungen der Konsumgesellschaft erreicht, allerdings ohne zu den politischen Konsequenzen zu führen, auf die Reich hoffte.

Es ist jedoch wichtig, die Qualität des sexuellen Erlebens zu verstehen. Großenteils wurde die sexuelle Befriedigung zu einem Konsumartikel, so daß auf sie auch die Eigentümlichkeiten aller sonstigen Konsumgewohnheiten zutreffen: Sie ist weitgehend Ausdruck von Langeweile, verborgener Depression und Angst; der Akt der Befriedigung selbst ist flach und oberflächlich.

Mir fällt auf, daß die sexuelle Motivation bei der radikalen jüngeren Generation oft irgendwie von den theoretischen Überlegungen bei Freud und Reich beeinflußt ist. Wenn sexuelle Befriedigung zu einem Heilmittel wird, um von all seinen „Komplexen" loszukommen, dann kann sie zwanghaft werden, vor allem, wenn sie zum Beispiel mit einer ängstlichen Selbstprüfung hinsichtlich eines „richtigen" Orgasmus gekoppelt ist. Auch wenn theoretisch viel zugunsten von Gruppensex gesagt werden kann, etwa, daß er Besitzansprüche, Eifersuchtsgefühle usw. überwindet, so unterscheidet er sich doch zumeist weniger von dem konventionellen bürgerlichen außerehelichen Sexualleben (einschließlich Voyeurismus und Exhibitionismus), als jene, die ihn praktizieren, glauben. Dies gilt insbesondere deshalb, weil wegen des schnell erlahmenden Interesses am gleichen Partner immer neue und verschiedene Sexualpartner gebraucht werden.

Ist die Befreiung der sexuellen Befriedigung von Schuldgefühlen als ein wichtiger Schritt nach vorne anzusehen, so bleibt doch die Frage, bis zu welchem Grad die „radikale" Jugend an dem gleichen Defekt leidet wie die Älteren und ihre konventionelleren Angehörigen: an ihrer Unfähigkeit zu menschlicher Nähe – ein Defekt, der durch sexuelle und politische Nähe ersetzt wird. Als nächsten Schritt müßte meiner Meinung nach die radikale Jugend sich ihrer Angst vor tiefer emotionaler Nähe bewußt werden und die Ersatzrolle erkennen, die die Sexualität hierbei spielt. Schließlich gibt es meines Erachtens eine Tendenz, halbverdauten psychoanalytischen Doktrinen als Führer für das Sexualleben nachzufolgen, und dies gerade bei den Menschen, die in ihren politischen Ansichten jeden Dogmatismus weit von sich weisen. Wer Freud folgt, auch wenn er ihn ganz „verdaut" hat, kommt – wie ich noch zeigen werde – zu einer Überbetonung der Sexualität und zu einer Geringschätzung des Eros und der Liebe. Wer sein Sexualverhalten gemäß Freuds Lehren gestaltet, scheint ein bißchen altmodisch zu sein; „radikal" ist er höchstens in den Augen der älteren Generation.

Sexuelle Befreiung bedeutet nicht, daß jene, die an der neuen Freiheit teilhaben, auch den größten Teil ihrer Verdrängungen verloren hätten. Sie verdrängen insgesamt auch nicht sehr viel weniger als ihre Großeltern. Es hat sich nur der Inhalt dessen verändert, was verdrängt wird. Wer deshalb sein Augenmerk nur auf das Unbewußte im Bereich der Sexualität lenkt, wird sich schwer tun, anderes Unbewußtes in Erfahrung zu bringen.

Der Verfall des Begriffs des Unbewußten wird noch beschleunigt, wenn er nur in einem abstrakten Sinn gebraucht wird und er sich hauptsächlich nur auf so allgemeine Begriffe wie Eros und Todestrieb bezieht. In diesem Fall [...] verliert er jede persönliche Bedeutung und ist für die persönliche Selbstentdeckung überhaupt nicht mehr tauglich.

Selbst der Ödipuskomplex, bei Freud das Zentrum der Verdrängung, berührt kaum die Tiefe der unbewußten menschlichen Leidenschaften. In Wirklichkeit ist der Wunsch des Jungen, mit seiner Mutter zu schlafen – so skandalös er von einer konventionellen Warte aus sein mag – nichts wirklich Irrationales. Der Ödipuskomplex stellt eine

Rückübersetzung der erwachsenen Dreiecksliebe in die kindliche Situation dar. Das Kind handelt völlig rational, ja mehr, als es Erwachsene oft in einer ähnlichen Situation tun. Der kleine Junge, angeregt durch seine sich entwikkelnde Sexualität, begehrt die Mutter, weil sie die einzige oder doch die nächste Frau in der Umgebung ist; konfrontiert mit der Kastrationsdrohung des rivalisierenden Vaters, siegt der Selbsterhaltungswunsch über die sexuelle Leidenschaft. Er läßt von der Mutter ab und identifiziert sich mit dem Aggressor.

b) Das Unbewußte und die Verdrängung der Mutterbindung

Jenseits der Bindung des Jungen an die Mutter auf der genitalen Ebene gibt es eine tiefere und viel irrationalere Bindung. Das Kind, Junge oder Mädchen, ist an die Mutter als Lebensspenderin, als allgegenwärtige Hilfe, als bedingungslos liebende Figur gebunden. Die Mutter *ist* Leben, Sicherheit; sie schützt das Kind vor der Realität der menschlichen Situiertheit, die verlangt, daß der Mensch tätig ist, Entscheidungen fällt, Risiken auf sich nimmt, allein ist und stirbt. Wäre es möglich, die Bindung an die Mutter lebenslang intakt zu halten, dann wäre das Leben die reine Wonne, und man müßte sich mit der Widersprüchlichkeit der menschlichen Existenz nicht auseinandersetzen. So kommt es, daß sich das Kind an die Mutter klammert und sich weigert, sie zu verlassen. Gleichzeitig kommt es dann auf Grund der eigenen physischen Reife und allgemeiner kultureller Einflüsse zu einer Gegenbewegung, die schließlich, falls die Entwicklung normal verläuft, das Kind dazu veranlaßt, die Mutter aufzugeben und Liebe und Nähe in Beziehungen zu finden, in denen es im Idealfall als unabhängige Person handelt.

Das tiefe Verlangen, ein Kind zu bleiben, wird im allgemeinen verdrängt, ist also unbewußt, weil es sich nicht mit den

Idealen des Erwachsensein verträgt, von denen das Kind in einer patriarchalen Gesellschaft durchdrungen wird. In primitiven Gesellschaften haben die Initiationsriten die Aufgabe, diese Bindung auf drastische Weise zu brechen. (Die Frage, in welchem Ausmaß die Bindung an die Mutter auch in einer matrizentrischen Gesellschaft aufgelöst wird, ist schwierig zu beantworten und muß noch weiter erforscht werden; es gibt noch immer einige Gesellschaften, in denen Privateigentum, Lohnarbeit und die Entwicklung von Individualität gering sind.)

Die Weigerung, die ganze Bürde der Individuation auf sich zu nehmen, muß es jedoch nicht völlig an Rationalität und am Kontakt mit der Realität fehlen lassen. Menschen können eine Mutterfigur oder ihre Repräsentanz finden, an die sie real gebunden bleiben können und die sie beherrscht (oder sie bedient) und sie beschützt. Ein Mensch kann sich zum Beispiel an eine mütterliche Frau binden oder an eine Institution wie ein Kloster oder an eine andere der vielen von der Gesellschaft angebotenen Möglichkeiten.

Die Weigerung, sich von der Mutter zu trennen, kann aber extremere Formen annehmen. Der Wunsch, von der Mutter lebenslang geliebt und beschützt zu werden, kann noch tiefer und irrationaler werden, wenn er als Sehnsucht auftritt, mit ihr eins zu sein, in ihren Bauch zurückzukehren und schließlich die Tatsache, geboren worden zu sein, ungeschehen zu machen. Dann wird der Mutterleib zum Grab, zur Mutter Erde, in der man „begraben" werden, zum Meer, in dem man ertrinken möchte. Solche Wünsche sind nicht „symbolisch"; das Verlangen ist keine „Verkleidung" von verdrängten ödipalen Strebungen. Im Gegenteil, die inzesthaften Strebungen stellen oft den Versuch dar, sich vor der tieferen und lebensbedrohlichen Sehnsucht nach der Mutter zu schützen. Je tiefer und intensiver das Verlangen nach der Mutter ist, desto verdrängter ist es. Nur in der Psychose und in Träumen wird diese Sehnsucht bewußt.

Die klassische Psychoanalyse hat die Tiefe einer solchen Sehnsucht nicht ernst genommen; auch hat sie der Tatsache der primären Bindung des Kindes, sei es Junge oder Mädchen, an die Mutter nicht genügend Rechnung getragen. Freud hat erst 1931 in seiner Schrift *Über die weibliche Sexualität* eine bedeutende Revision seiner früheren Theorie vorgenommen, indem er feststellte: „die präödipale Phase" (die präödipale Bindung an die Mutter, die der Bindung an den Vater vorausgeht) „des Weibes rückt hiermit zu einer Bedeutung auf, die wir ihr bisher nicht zugeschrieben haben" (S. Freud, 1931b, S. 518). Es ist interessant, daß Freud diese präödipale Bindung an die Mutter mit der matriarchalen Gesellschaft vergleicht: „Die Einsicht in die präödipale Vorzeit der Mädchen wirkt als Überraschung, ähnlich wie auf anderem Gebiet die Aufdeckung der minoisch-mykenischen Kultur hinter der griechischen." (A.a.O., S. 519.)

In *Abriß der Psychoanalyse* geht Freud noch einen Schritt weiter: „In diesen Relationen (dem Säugen und der Körperpflege des Kindes) wurzelt die *einzigartige, unvergleichliche, fürs ganze Leben unabänderliche Bedeutung der Mutter als erstes und stärkstes Liebesobjekt, als Vorbild aller späteren Liebesbeziehungen – beider Geschlechter*. Hierbei hat die *phylogenetische Begründung so sehr die Oberhand über das persönliche akzidentelle Erlebnis*, daß es keinen Unterschied macht, ob das Kind wirklich an der Brust gesaugt hat oder mit der Flasche ernährt wurde und nie die Zärtlichkeit der Mutterpflege genießen konnte." (S. Freud, 1940a, S. 115; Hervorhebung von mir.) Offensichtlich hat Freud am Ende seines Lebens eine Theorie vorgelegt, die auf drastische Weise seiner früheren Position widerspricht. Nachdem er die Tiefe der präödipalen Bindung an die Mutter beschrieben hat, stellt er fest, daß diese sowohl beim Jungen wie beim Mädchen anzutreffen ist (in *Über die weibliche Sexualität* von 1931 ging es nur um Mädchen) und daß es sie aus phylogenetischen Gründen gebe, unabhängig davon, ob die Brusternährung und Körperpflege auch tatsächlich stattgefunden hat. Es fällt auf, daß Freud diese Äußerung nicht als radikale Revision einführt; statt dessen folgt sie den üblichen Bemerkungen darüber, wie die Mutter über das Säugen und die Körperpflege die Bindungen zum Kind aufbaut.

Die fast zufällige Art, in der Freud diese Ergänzung einbringt, kann nur mit Hilfe der „Psychoanalyse von Theorien" erklärt werden. Ich gehe davon aus, daß Freud über Jahre hinweg mit der Möglichkeit beschäftigt war, daß eine Reihe älterer Annahmen nicht richtig sein könnten, zum Beispiel die ausschließlich sexuelle Bedeutung des Ödipuskomplexes sowie die Negierung der tiefen, lebenslangen Bindung an die Mutter bei Jungen und bei Mädchen. Doch Freud konnte sich nicht dazu entschließen, diese Änderungen zu verdeutlichen und klarzulegen, welche älteren Elemente seiner Theorie fallengelassen und durch welche neuen Vorstellungen sie ersetzt wurden. Es liegt nahe, daß bestimmte neue Ideen, wie jene, von denen wir hier handeln, unbewußt waren und nun wie in einem „Freudschen Versprecher" zum Vorschein kamen. Vielleicht war sich Freud beim Schreiben dieser Äußerung auch nicht der Tatsache bewußt, in welchem Maße sie seinen früheren Annahmen widersprach.

Die meisten Psychoanalytiker nahmen den Wink Freuds auch nach 1931 nicht ernst genug, um ihr bisheriges theoretisches Denken zu revidieren. John Bowlby legte 1958 eine ausgezeichnete Arbeit über das Wesen der kindlichen Mutterbindung vor, in der man auch eine detaillierte Geschichte des psychoanalytischen Denkens zum Problem der Mutterbindung des Kindes findet. Er deutet Freuds Äußerung ähnlich [wie ich], allerdings mit der Einschränkung, daß es nur eine mögliche Deutung sei und daß er gerne annehmen wolle, „daß sie richtig ist" (J. Bowlby, 1958).

Carl Gustav Jung hat mit seinem Hinweis auf die universale Natur der „Mutter" einen wichtigen Beitrag geleistet. Er zeigte auf, daß die individuell erfahrene Mutter ihre wirkliche Bedeutung erst gewinnt, wenn man sie als „Archetypus“ begreift. Er fordert deshalb ein „kollektives Unbewußtes“ auf der Grundlage von Mythen, Ritualen, Symbolen usw. und sieht sich gezwungen, eine ererbte Weise des psychischen Funktionierens anzunehmen, womit er es sich mit dem äußerst schwierigen Problem leichtmacht, ob erworbene Eigentümlichkeiten vererbt werden können. Eine solche Schwierigkeit läßt sich vermeiden, wenn man, wie ich es tue, von einer existentiellen Widersprüchlichkeit ausgeht, die dem Menschen als Menschen zueigen ist und die die Voraussetzung für die Entwicklung von verschiedenen „ursprünglichen“ Lösungen im Laufe der Menschheitsgeschichte bildet.

Die klassische Psychoanalyse hat nicht nur die Tiefe und Irrationalität der Sehnsucht nach der Mutter übersehen, sondern auch die Tatsache, daß diese Sehnsucht nicht bloß ein „infantiles“ Streben ist. Genetisch gesehen stimmt es zwar, daß der Säugling aus biologischen Gründen eine Phase intensiver „Mutterfixierung“ durchlebt. Doch dies ist nicht die „Ursache“ für die spätere Abhängigkeit von der Mutter. Diese Bindung an die Mutter kann sich in ihrer Stärke halten, oder der Mensch kann zu dieser Lösung regredieren, und zwar genau deshalb, weil sie eine der „spirituellen“ Antworten auf die menschliche Existenz ist. Auch wenn kein Zweifel besteht, daß die Mutterbindung zu absoluter Abhängigkeit, zu Verrücktheit oder zum Selbstmord führt, so ist sie dennoch eine Möglichkeit, die der Mensch bei seinem Versuch ergreifen kann, eine Lösung für seine existentielle Widersprüchlichkeit zu finden. Wer die Mutterbindung auf einer sexuellen Basis erklärt oder als Wiederholungszwang ansieht, erkennt nicht ihren Charakter als Antwort auf das Problem des Daseins.

Alle diese Überlegungen haben mich zu der Annahme gebracht, daß das entscheidende Problem nicht eigentlich die

„Bindung an die Mutter" ist, sondern das Streben nach dem „paradiesischen Zustand". Dieser ist durch den Versuch charakterisiert, das Erreichen der vollen Individuation zu vermeiden, indem man auf Kosten von Individualität und Freiheit in der Phantasie von absolutem Beschütztsein, von Sicherheit und Zuhausesein in der Welt lebt. Diese Phantasie ist eine Realität und als biologisch bedingtes Stadium zu einem bestimmten Zeitpunkt der Entwicklung auch normal. Aber man würde zu sehr in genetischen Begriffen denken, wenn man die Aufmerksamkeit zu sehr auf die Mutterbindung lenken würde, statt auf die gesamte Funktion dieser Erfahrung. Es ist nötig, noch viel genauer ihre gesamte Struktur zu erforschen: die Rolle des Narzißmus, die Angst, der Wirklichkeit ganz ins Auge zu sehen, den Wunsch nach „Unverletzlichkeit", nach Allwissenheit, den Hang zur Depression, das Gefühl totalen Alleinseins, sobald das Erleben der Unverwundbarkeit bedroht ist und viele andere Elemente.

(Das gleiche Prinzip läßt sich auch im Hinblick auf andere Triebe, die uns gewöhnlich unbewußt sind, anwenden, etwa bei anal-hortenden Triebstrebungen. In ihren rationalen Erscheinungsweisen treten sie als Festhalten am Besitz auf und werden in der klassischen Theorie als Sublimierung des Wunsches gedeutet, den Stuhl zurückzuhalten. Aber hinter diesem Verlangen steht ein weniger offensichtliches: Man will auf sein Existenzproblem eine Antwort finden mit absolutem Besitzenwollen, mit absoluter Herrschaft und indem man alles, was lebendig ist, in eine tote Sache verwandeln will, um schließlich das Tote anzubeten. Dies ist eine andere Antwort auf das Dilemma des Menschen; in ihren extremen Formen ist sie mit dem Prozeß des Lebens nicht mehr vereinbar. Deutet man sie nur analerotisch, dann versperrt man sich den Zugang zu einem Verstehen der Tiefe und Intensität dieser Lösung. Gleiches ließe sich im Hinblick auf Sadismus, Masochismus und für den Narzißmus zeigen.)

Schließlich sollte nicht übersehen werden: Wenn man auf das Leben des Menschen überhaupt blickt, dann unterscheidet sich der Erwachsene gar nicht so sehr von der Hilflosigkeit des Kindes gegenüber jenen Kräften, die sein Leben bestimmen. Der Erwachsene ist seiner Hilflosigkeit sehr viel mehr bewußt und weiß auch, wie wenig er tun kann, um sie zu beherrschen. Er ist auf einer höheren Ebene hilflos, aber in gewissem Sinne ist er nicht weniger hilflos als das Kind. Und nur die vollständige Entfaltung all seiner Möglichkeiten befähigt ihn, seiner objektiven Hilflosigkeit ins Auge zu schauen und nicht in einer „paradiesischen Phantasie" Zuflucht nehmen zu müssen.

c) Die Bindung an Idole als Ausdruck des gesellschaftlichen Unbewußten

Aus der Hilflosigkeit des Menschen resultiert ein äußerst wichtiges Phänomen: Der durchschnittliche Mensch trägt unabhängig von seiner frühen Beziehung zu Mutter und Vater ein tiefes Verlangen in sich, an eine allmächtige, allweise und allumsorgende Figur zu glauben. Es geht hierbei jedoch um mehr als nur um „Glauben" in dieser Beziehung; es gibt auch eine intensive gefühlsmäßige Beziehung zu diesem „magischen Helfer". Oft wird sie mit „Ehrfurcht" oder „Liebe" umschrieben, oder es wird ihr überhaupt kein Name gegeben. Die Bindungen an den magischen Helfer ähneln insofern der Bindung des Kindes an Mutter und Vater, als sie wesentlich passiv, hoffend und vertrauensvoll ist. Diese Passivität reduziert nun aber gerade überhaupt nicht die Stärke der Bindung, sondern verstärkt sie eher noch, da das eigene Leben wie im Falle des Säuglings davon abzuhängen scheint, ja nicht im Stich gelassen zu werden. Häufig übersteigt die Intensität dieser Bindung bei weitem die Stärke der Bindung an jene Menschen, denen man im gewöhnlichen Leben nahe ist. Je weniger befriedigend diese Bindungen dann sind, desto stärker wird die zum „magischen Helfer". Und nur im Glauben an den Beistand dieser

Figur gelingt es noch, mit seinem Gefühl der Hilflosigkeit zurechtzukommen.

Solche „magischen Helfer“ können alle Arten von religiösen Idolen sein oder auch Naturgewalten oder Institutionen und Gruppen (wie der Staat oder die Nation); sie können charismatische oder auch nur mächtige Führer sein; sie können einfache Menschen wie der Vater und die Mutter, der Ehemann oder die Ehefrau usw. sein. Entscheidend ist dabei nicht, ob sie real oder nur vorgestellt sind. Ich schlage vor, alle diese Figuren mit dem Oberbegriff „Idole“ zu benennen. Das Idol ist nämlich jene Figur, auf die ein Mensch seine eigene Stärke und seine eigenen Kräfte überträgt. Je mächtiger ein Idol wird, desto ärmer wird man selber. Mit sich selber kann man nur noch in Kontakt sein, wenn man mit dem Idol in Kontakt ist. Das Idol, das Werk seiner Hände und Phantasie, übersteigt ihn und steht über ihm. Sein Schöpfer wurde zum Gefangenen des Idols. Götzendienst, wie ihn die Propheten im Alten Testament beklagen, ist im Kern nichts anderes, als was der Begriff der „Entfremdung“ meint. (Vgl. hierzu E. Fromm, 1966a, GA VI, S. 111-113.)

Nur eine „Idologie“, eine umfassende Erforschung aller Idole, könnte ein ausreichendes Bild davon geben, wie stark die Leidenschaft, ein Idol zu finden, sein kann und welche Vielfalt von Idolen es im Laufe der Geschichte gegeben hat. In diesem Zusammenhang möchte ich nur auf eine besondere Typologie der Idole hinweisen: Es gibt einen Muttertyp von Idol und einen Vatertyp. Das Mutteridol ist, wie bereits beschrieben, die bedingungslos liebende Figur; an sie gebunden zu sein, ist jedoch ein Hindernis auf dem Weg zur vollen Individuation. Das Vateridol ist der strenge Patriarch, dessen Liebe und Hilfe vom Gehorsam gegenüber seinen Geboten abhängt.

Gibt es einen Beweis für die Hypothese, daß der durchschnittliche Mensch auf ein Idol angewiesen ist? Die Beweise sind so überwältigend, daß man Mühe hat, einzelne Belege auszuwählen. An erster Stelle ist darauf hinzuweisen, daß der größte Teil der menschlichen Geschichte dadurch gekennzeichnet ist, daß das Leben des Menschen von Religion durchdrungen ist. Die meisten Götter dieser Religionen hatten die Funktion, dem Menschen Hilfe und Stärke zu geben; die religiöse Praxis bestand im wesentlichen daraus, die Idole zu beschwichtigen und zufriedenzustellen. Die prophetische und später auch die christliche Religion waren ursprünglich anti-idolatrisch und Gott wurde als Anti-Idol begriffen. In der Praxis jedoch wurde der jüdische und der christliche Gott von den meisten Gläubigen als Idol erlebt, als die große Macht, dessen Hilfe und Halt durch Gebet, Rituale usw. erhalten werden konnte. (Es gab allerdings quer durch die Geschichte dieser Religionen auch einen Kampf gegen die Idolisierung Gottes: philosophisch wurde er von den Vertretern der „negativen Theologie", etwa bei Moses Maimonides geführt; auf der Ebene der religiösen Erfahrung von einigen der großen Mystiker wie Meister Eckhart oder Jakob Böhme.)

Der Götzendienst wurde weder geschwächt noch verschwand er, als die Religion ihre Macht verlor. Die Nation, die gesellschaftliche Klasse, die Rasse, der Staat, die Wirtschaft wurden die neuen Idole. Gäbe es nicht diesen Drang nach Götzen, könnte man kaum die emotionale Stärke des Nationalismus, Rassismus, Imperialismus und des „Personenkults" in seinen verschiedenen Ausprägungen verstehen. Es ließe sich zum Beispiel auch nicht verstehen, warum Millionen Menschen in geradezu ekstatischer Weise fasziniert sein konnten von einem so widerwärtigen Demagogen wie Hitler, warum sie bereit waren, die Forderungen ihres Gewissens zu vergessen und seinetwegen extreme Not zu leiden, oder warum die Augen der Menschen in religiöser Begeisterung aufleuchten, wenn sie einen Mann sehen oder gar berühren können, der zu Ruhm gekommen ist und der Macht hat oder mächtig werden will.

Das Verlangen nach Idolen gibt es aber nicht nur im öffentlichen Bereich. Kratzt man ein wenig an der Oberfläche – und oft genug braucht es dies nicht einmal –, dann findet man viele Menschen, die ihre „privaten" Idole haben: sie haben ihre Familie (manchmal, wie in Japan, als Ahnenkult organisiert), ihren Lehrer, ihren Chef, ihren Filmstar, ihre Fußballmannschaft, ihren Arzt oder jede Menge anderer solcher Idole. Ob das Idol gesehen werden kann, wenn auch nur selten, oder ob es ein Produkt der Phantasie ist: immer fühlt sich der, der sich an es bindet, nicht mehr allein oder ohne Hilfe in der Nähe.

Eine wichtige Frage gilt es an dieser Stelle zu klären: Warum gibt es auf der einen Seite Gruppen und Menschen, deren Bindung an ein Idol zu offensichtlich ist, als daß an ihr gezweifelt werden könnte, während bei anderen eine solche Bindung fehlt oder – wie ich eher sagen würde – nur latent oder unbewußt vorhanden ist? Es gibt eine ganze Reihe von Gründen dafür. Generell gilt, daß die Gründe für eine solche Bindung entweder in den äußeren Lebensbedingungen zu suchen sind oder in der psychischen Struktur der hiervon Betroffenen, wobei die psychische Struktur meist nur eine Funktion der äußeren Lebensbedingungen ist.

Unter den äußeren Gründen sind die wichtigsten: Armut, Elend, ökonomische Unsicherheit und Hoffnungslosigkeit. Bei den subjektiven psychologischen Gründen sind zu nennen: Angst, Zweifel, vorklinische Depression, Ohnmachtsgefühle und viele neurotische und halbneurotische Phänomene. Oft gibt es in diesen Fällen Angst produzierende und infantilisierende Eltern.

Im Unterschied zu den genannten äußeren und inneren Gründen für das permanente und manifeste Angewiesensein von Menschen auf ein Idol gibt es noch eine andere Möglichkeit, bei der dieses Bedürfnis nur manifest wird, wenn bestimmte neue Umstände auftauchen. Wenn alles gut läuft und die Menschen mit ihren Lebensbedingungen, ihrer Arbeit und ihrem Einkommen zufrieden sind, wenn sie sich mit der von der Gesellschaft zugewiesenen Rolle identisch fühlen und sie erfüllen können, wenn sie darauf hoffen können, auf der gesellschaftlichen Stufenleiter vorwärtszukommen usw., dann bleibt ihr Angewiesensein auf ein Idol latent. Wird das Gleichgewicht der relativen Zufriedenheit aber durch plötzliche traumatische Ereignisse gestört, wird das latente Bedürfnis manifest. Im gesellschaftlichen Bereich sind solche traumatischen Ereignisse zum Beispiel schwere ökonomische Krisen, die zu Massenarbeitslosigkeit führen, eine galoppierende Inflation, starke Ungewißheitszustände (wie etwa die Krise von 1929, die in Deutschland zum Emporkommen von Hitler geführt hat) oder Krieg. (Die Redeweise während des Ersten Weltkriegs: „In den Schützengräben gibt es keine Gottlosen" ist deshalb völlig zutreffend.) Im individuellen Bereich können traumatische Ereignisse zum Beispiel eine schwere Krankheit, wirtschaftlicher Zusammenbruch oder der Tod eines geliebten Menschen sein.

Derartige traumatische Ereignisse sind aber nicht der einzige Grund, warum es zur Aktivierung des latenten Bedürfnisses nach einem Idol kommt. Nicht selten passiert es, daß der latente Wunsch nach einem Idol dadurch wachgerufen wird, daß jemand in das Leben eines Menschen tritt, der die Rolle eines Idols ausfüllt und so die „idolatrische Leidenschaft" mobilisiert. Dies kann auf verschiedene Weise geschehen. Die betreffende Person kann in besonderer Weise freundlich, weise oder hilfreich sein und deshalb das Bedürfnis nach einem Idol wachrufen; sie kann andererseits aber auch streng und bedrohlich sein und den anderen wie ein Kind behandeln, und der gleiche Effekt tritt ein; oft ist auch eine Mischung aus beiden Weisen besonders wirkungsvoll.

d) Die Bindung an Idole und das Phänomen der Übertragung

Am deutlichsten sehen wir die Mobilisierung der „idolatrischen Leidenschaft" am Phänomen der Übertragung. Freud beobachtete, daß Patienten während der psychoanalytischen Behandlung regelmäßig starke Gefühle der Abhängigkeit, der Ehrfurcht oder Liebe ihm gegenüber entwickelten. Seither macht jeder Psychoanalytiker die gleiche Erfahrung. Es ist tatsächlich ein sehr bekanntes und zugleich rätselhaftes Phänomen, daß viele Patienten unabhängig von den tatsächlichen Eigenschaften des Psychoanalytikers nicht nur ein extrem idealisiertes und unwirkliches Bild von ihrem Analytiker oder ihrer Analytikerin haben, sondern daß sie auch eine tiefe Bindung entwickeln, die oft nur sehr schwer wieder zu lösen ist. Schon ein freundliches Wort kann einen Zustand von Wohlbefinden und Glück hervorrufen; das Fehlen eines freundlichen Lächelns – aus Gründen, die nichts mit dem Patienten zu tun haben – kann tiefe Gefühle von Unglücklichsein und Angst verursachen. Oft hat man den Eindruck, daß kein Mensch im Leben eines Patienten seine Gemütslage so sehr beeinflussen kann wie der Psychoanalytiker. Daß diese Bindung nicht durch sexuelle Wünsche verursacht wird, beweist die Tatsache, daß sie unabhängig vom Geschlecht des Psychoanalytikers und des Patienten auftritt. (Sind beide verschiedenen Geschlechts, dann kann die „Liebe" zum Analytiker eine starke sexuelle Beimischung haben, wie überhaupt jede starke affektive Bindung bei Menschen verschiedenen Geschlechts und passenden Alters sexuelle Wünsche aufkommen läßt.)

Auch wenn die Übertragung sich als Phänomen regelmäßig in der psychoanalytischen Behandlungssituation einstellt, so variiert doch ihre Intensität in Abhängigkeit von einer Reihe von Faktoren. Sie ist vor allem bei schweren Neurosen (oder auch bei Borderlines) groß, und zwar besonders dann, wenn der Individuationsprozeß nur wenig vorangekommen ist, so daß sich ein starkes „symbiotisches" Bedürfnis entwickelt hat. Aber eine starke Übertragung muß beileibe nicht auf eine schwere psychische Störung hinweisen.

Sie tritt häufig auch bei Patienten mit relativ geringen psychischen Störungen auf. Dabei kann häufig noch ein anderer Faktor beobachtet werden, der für die starke Übertragung verantwortlich gemacht werden muß: die Infantilisierung des Patienten. Diese wird durch das Arrangement hergestellt, das für die klassische psychoanalytische Prozedur typisch ist, bei der der Patient auf der Couch liegt, während der Analytiker hinter ihm sitzt und keine Antwort auf irgendeine direkte Frage gibt, sondern sich nur von Zeit zu Zeit mit einer „Deutung" hörbar macht. Dieses Arrangement läßt den Patienten leicht sich hilflos fühlen wie ein kleines Kind, so daß in ihm alle latenten Wünsche auftreten, an ein Idol gebunden zu sein.

Freud hat diese Infantilisierung des Patienten nicht gewollt, zumindest nicht bewußt. Er erklärte seine Verfahrensweise mit anderen Gründen, etwa dem, daß er es nicht leiden konnte, stundenlang von verschiedenen Patienten angestarrt zu werden. Ein anderer Grund war, daß der Patient den Analytiker nicht anschauen sollte, weil er dann leichter frei über peinliche Erfahrungen sprechen könne; auch sollte der Patient nicht die Reaktionen des Analytikers sehen, weil er dann auch Veränderungen in seinem Gesichtsausdruck wahrnehmen könnte. – Meiner Meinung nach sind diese Gründe weitgehend Rationalisierungen für die Verlegenheit des Analytikers, in offener Weise mit dem Patienten die Reise in die „Unterwelt" mitzumachen. Er kann die „phantastischen" Ideen des Patienten hören, aber sich dabei anzuschauen, würde die Situation peinlich real machen und die Grenze zwischen dem, was sich schickt, und dem, was unschicklich ist, aufheben. Diese eigentümliche Einstellung findet eine Parallele in der Tatsache, daß viele Psychoanalytiker in ihren Reaktionen auf Menschen und Ideen außerhalb ihrer Praxis ebenso blind und unecht sind wie ihre weniger aufgeklärten Berufskollegen.

Einige Analytiker, wie etwa René Spitz, haben klar erkannt, daß dieses Setting in Wirklichkeit die Aufgabe hat, den Patienten zu infantilisieren, um ihn möglichst viel „Kindheitsmaterial" hervorbringen zu lassen. Ich habe viele Jahre lang nach dem klassischen Setting analysiert, später dann im Gegenübersitzen, so daß ich genügend Vergleiche habe. Ich habe beobachtet, daß vor allem bei weniger schweren Formen psychischer Störung die Stärke der Übertragung – nicht ihr Vorhandensein – weitgehend von der künstlichen Infantilisierung abhängt. Reagiert der Analytiker auf den Patienten wie auf einen anderen erwachsenen Menschen, versteckt er sich nicht hinter der Maske des „großen Unbekannten" und überläßt er dem Patienten eine aktivere Rolle im therapeutischen Prozeß, dann lassen sich die Stärke der Übertragung – und auch die Hindernisse, die sich durch diese Stärke einstellen – beträchtlich reduzieren.

Vom Therapeutischen her hat diese Situation den großen Vorteil, daß der Patient in seiner Rolle als erwachsener Mensch nicht vorübergehend ausgelöscht wird. Er, der Erwachsene, wird mit seinen unbewußten Strebungen konfrontiert, und diese Konfrontation ist nötig, um auf seine unbewußten Gegebenheiten zu reagieren, selbst wenn er sie nicht völlig versteht. Wird der Patient gänzlich zum Kind gemacht, nimmt das Material, das er hervorbringt, leicht die Qualität von Erlebnissen an, die man in einem Traum hatte: Es verwandelt sich leicht in *Erinnerungen* unbewußter Wünsche, ohne noch wirklich ganz erlebt zu werden. Die oft geäußerte Vorstellung ist irrig, daß der Patient beim Gegenübersitzen seine intimsten und oft peinlichsten Gedanken nicht äußern wird. Jene, die dieses Verfahren praktizieren, haben beobachtet, daß es zwar manchmal für den Patienten am Anfang schwieriger ist, daß aber selbst die peinlichsten Gedanken beim Gegenübersitzen nicht weniger deutlich ausgedrückt werden als auf der Couch. Sind sie aber einmal ausgedrückt, dann werden sie mit einer viel größeren Klarheit erlebt als in der klassischen Situation. In dieser nämlich spricht der Patient in einem „zwischenmenschlichen Vakuum", so daß ihm seine Gedanken oft selbst ganz unwirklich bleiben. Sie gewinnen erst dann ihre volle erlebnismäßige Realität, wenn sie auch wirklich mit dem Analytiker als einer Person, und nicht als einem unwirklichen Phantom, geteilt werden.

Entscheidend ist die Frage, wie man die Übertragung versteht: Ist sie eine Wiederholung von Kindheitserfahrungen, oder ist sie die Mobilisierung des allgegenwärtigen Wunsches nach einem Idol? Warum ich annehme, daß letzteres zutrifft, ist bereits in einigen der zuvor geäußerten Bemerkungen enthalten, als ich betonte, daß man die Übertragung ganz allgemein und völlig unabhängig von der psychoanalytischen Situation beobachten kann. Gegen diese Begründung kann eingewendet werden, daß man auch in diesen Situationen zeigen kann, daß der Götzendienst die Wiederholung der Beziehung zu Mutter und Vater ist. Um auf diesen Einwand zu antworten, möchte ich einige Beobachtungen mitteilen: Zum einen gibt es in den Fällen, in denen eine ganze Gruppe von der „idolatrischen Leidenschaft" erfaßt ist, diese unabhängig von der besonderen Mutter- und Vaterbeziehung in jedem einzelnen Fall. Zum anderen habe ich herausgefunden, daß es keine klare Korrelation zwischen Kindheitserfahrung und Stärke der Übertragung in der psychoanalytischen Situation gibt. In einer Reihe von Fällen kann man beobachten, daß die intensive Übertragung keine Parallele in einer ebenso intensiven frühen Fixierung an Mutter oder Vater hat. Damit will ich jedoch keinesfalls sagen, daß es keine Verbindung zwischen früherer und späterer Erfahrung gibt. In vielen Fällen kann man tatsächlich eine solche Verbindung klar sehen; aber es gibt genug Ausnahmen, die es nahelegen zu behaupten, daß es diese Verbindung nicht notwendig gibt, so daß die klassische Annahme eine Vereinfachung darstellt. (Wer freilich aus dogmatischen Gründen von der Intensität, die man klinisch in der Übertragung beobachtet, jeweils auf eine frühe Fixierung schließt, der vermeidet mit leichter Hand das theoretische Problem!)

Glücklicherweise ist man bei der Einschätzung dieses Problems nicht nur auf jenen Typus von Idolatrie beschränkt, der, stellt er sich in der therapeutischen Situation ein, „Übertragung" genannt wird. Wie ich bereits gezeigt habe, ist das Leben voll von solchen „Übertragungen". Vieles von dem, was unter „Verliebtsein" erlebt wird, ja selbst dauerhafte und intensive Ehe- und Freundschaftsbeziehungen, sind von dem gleichen Typus. In vielen solchen Fällen wird nur eine entstellte Deutung Gründe dafür vorbringen können, daß in all diesen Fällen eine ebenso starke infantile Fixierung gefunden werden könne. Ähnliche Beobachtungen lassen sich machen, wenn man die Reaktionen auf einen mächtigen Führer im Einzelfall untersucht: Man findet starke Bindungen, eine mehr oder weniger totale Fehleinschätzung der realen Natur des Idols, und doch lassen sich keine notwendigen Verbindungen finden zu den korrespondierenden Elternbeziehungen.

Ein gutes Beispiel hierfür kann in der Bindung vieler führender deutscher Persönlichkeiten, Generäle wie Zivilisten, an Hitler gesehen werden. Aus sämtlichen Beschreibungen wird deutlich, daß viele von ihnen grundsätzlich nicht aus Angst handelten. Ihren blinden Gehorsam, ihre Taubheit gegenüber ihrem eigenen Gewissen, ihre Ehrfurcht gegenüber Hitler kann man nur auf Grund der Tatsache verstehen, daß sie ihn nicht als einen realen Menschen erlebten – nämlich als einen destruktiven, zwar cleveren, aber immens langweiligen und banalen Kleinbürger mit dem billigen Geschmack eines Neureichen, wie ihn dann viele nach der Katastrophe sahen –, sondern als einen Halbgott, als ein allmächtiges Idol, ausgestattet mit magischen Kräften, schwarzen oder weißen. Selbst während einige sich gegen ihn verschworen, waren sie unter seinem hypnotischen Einfluß. Wie läßt sich dies erklären? Könnte es sein, daß all diese Menschen einen besonderen Typus von Vater hatten, so daß sie nur diese frühe Erfahrung wiederholten? Dies dürfte kaum für eine derart gemischte Gruppe zutreffen. War es ihre eigene abnorme Unsicherheit? Dies ist auch nicht wahrscheinlich, da viele, vor allem die Generäle, sich zuvor in ihren beruflichen Positionen sehr erfolgreich behaupteten. War es purer Opportunismus? Dies war sicher bei vielen ein Element, doch es erklärt nicht die Stärke der affektiven Bindung. Was kann es sonst gewesen sein?

Hitler zeigte eine schlafwandlerische Sicherheit, wie sie nur ein extrem narzißtischer Mensch haben kann. Seine magische Kraft zeigte er mit seinen Erfolgen während der ersten neun Jahre seiner Regierung (wenn auch dieser Erfolg weitgehend ermöglicht wurde durch das Geld, mit dem die deutschen Industriellen ihn unterstützten, durch die Neigung Großbritanniens und Frankreichs, nichts zu seinem Sturz beizutragen und durch die Uneinigkeit unter seinen Gegnern in Deutschland sowie deren Mangel an Mut). Hitler war an keinem Menschen wirklich interessiert, so daß er bar jedes warmen Gefühls war. Er konnte seine ungezügelte Aggressivität selbst gegen seine wichtigsten Mitarbeiter zeigen, die dann wieder von seinem freundlichen und wohlwollenden Lächeln und ebensolchen Gesten abgelöst wurde. Kurzum, mit seinem Verhalten ließ er die Menschen sich fühlen wie kleine Kinder und bot sich ihnen als allwissendes, allmächtiges und alles strafendes Idol an. Albert Speer bietet in seinen *Erinnerungen* eine Fülle von Material zu dieser Art „Übertragung". Speer war wirklich in Hitler „verliebt" bis zu dessen Tod. Hitler behielt seine Aura eines Idols, selbst als Speer in den letzten Jahren Zweifel überkamen und er den Befehlen Hitlers zuwiderhandelte, alles in Deutschland zu zerstören, bevor es dem Feind überlassen wird. (Speer war anscheinend ein biophiler Mensch und kein nekrophiler Charakter wie Hitler.) Selbst als Hitler am Ende machtlos und krank war, war diese Bewunderung noch immer da. Und doch wird aus Speers Autobiographie ziemlich klar, daß seine Beziehung zu seinem Vater weder durch exzessive Liebe noch durch Furcht gekennzeichnet war.

Alle diese Überlegungen erklären den Freudschen Begriff der Übertragung nicht für ungültig, auch nicht seine enorme Bedeutung. Sie führen nur zu einer weitergefaßten Definition: Das Übertragungsphänomen ist zu verstehen als Ausdruck der Tatsache, daß die meisten Menschen sich tief in ihrem Unbewußten wie Kinder fühlen und sich deshalb nach einer mächtigen Figur sehnen, der sie vertrauen und der sie sich unterwerfen können. Dies ist es im Kern auch, was Freud in *Die Zukunft einer Illusion* (1927c) schreibt. Der einzige Unterschied zwischen meiner und der klassischen Theorie ist in der Tatsache zu sehen, daß diese Sehnsucht nicht notwendig - und auch niemals ausschließlich – eine Wiederholung einer Kindheitserfahrung ist, sondern Ausdruck der *conditio humana*.

In der psychoanalytischen Situation bedeutet dieser Unterschied, daß das Verstehen der Übertragung verdunkelt wird, wenn man sein Augenmerk nur auf die Beziehung zu Mutter und Vater richtet, statt sie als einen menschlichen Charakterzug zu betrachten, der durch bestimmte spätere – akute oder chronische – Situationen mobilisiert wird und immer von der gesamten Charakterstruktur eines Menschen abhängt. Es hat den Anschein, daß Freud unter dem Einfluß von frühen klinischen Deutungen, und später wegen seiner Vorstellung vom Wiederholungszwang, seinen Übertragungsbegriff nicht erweiterte und ihn deshalb auch nicht auf einige der sehr weitverbreiteten Phänomene menschlichen Verhaltens anwandte. Wie so oft bei Freudschen Konzepten haben sie auch hier eine sogar größere Bedeutung, als er ihnen zuschrieb, wenn man sie von den

Begrenzungen seiner theoretischen Annahmen, die er in seiner frühen klinischen Arbeit traf, befreit.

Mit allem bisher Gesagten meine ich nicht, daß das Bedürfnis nach Idolen notwendig zur menschlichen Natur gehöre und nicht überwunden werden könne. Ich habe von der Mehrheit der Menschen gesprochen und von Beispielen aus der Vergangenheit und der Gegenwart. Es gab aber immer Menschen, die hier eine Ausnahme machten und von der Sehnsucht nach Idolen frei zu sein schienen. Abgesehen davon kann man viele Menschen finden, in denen die „idolatrische Leidenschaft“ zwar vorhanden, aber doch viel geringer da ist als beim Durchschnitt.

e) Die Überwindung der Bindung an Idole

Unter welchen Voraussetzungen kommt es zu einem (relativen) Fehlen des Verlangens nach Idolen?

Nach allen Beobachtungen, die ich in den vielen Jahren, in denen ich mich mit dieser Frage beschäftigt habe, machen konnte, komme ich zu diesem Schluß: Das Gefühl der Machtlosigkeit und also auch das Bedürfnis nach Idolen ist weniger stark, je mehr es einem Menschen gelingt, seine Existenz seinem eigenen tätigen Bemühen zu verdanken. Je mehr ein Mensch seine Kräfte der Liebe und der Vernunft entwickelt, desto stärker ist sein Identitätserleben, weil es nicht durch seine soziale Rolle vermittelt ist, sondern in der Authentizität seines Selbst wurzelt. Je mehr er geben kann und je stärker er auf andere bezogen ist, ohne seine Freiheit und Integrität einzubüßen, desto mehr ist er sich seines Unbewußten gewahr, so daß ihm nichts Menschliches in ihm und in anderen fremd ist.

Welche individuellen Faktoren dafür verantwortlich zu machen sind, daß einige außerordentliche Menschen so frei von Idolatrie sein konnten, ist sicherlich ein derart komplexes Problem, daß ich hier nicht einmal den Versuch machen möchte, es anzugehen. Doch es gab die großen Nicht-Götzendiener wirklich und sie haben die Geschichte entscheidend beeinflußt: Buddha, Jesaja, Sokrates, Jesus, Meister Eckhart, Paracelsus, Böhme, Spinoza, Goethe, Marx, Schweitzer und viele andere, die ebenso oder weniger bekannt sind. Sie alle waren „erleuchtet": Sie konnten die Welt sehen, wie sie ist, ohne Angst; sie wußten, daß der Mensch nur frei sein kann, wenn er ganz Mensch ist.

Manche von ihnen haben ihren Glauben in theistischen Begriffen ausgedrückt, andere nicht. Doch auch wenn sie ihren Glauben mit dem Begriff „Gott" belegten, so wurde Gott für sie doch nie zu einem Idol, wie eine Äußerung Meister Eckharts (1969, S. 273) [in seiner Predigt *Noli timere eos*] veranschaulichen kann: „Wenn ich in den Grund, in den Boden, in den Strom und in die Quelle der Gottheit komme, so fragt mich niemand, woher ich komme und wo ich gewesen sei. Dort hat mich niemand vermißt, dort *ent*wird ‚Gott'." Sie sahen die Wahrheit, und die Wahrheit machte sie frei. Sie waren voller Erbarmen, und doch waren sie nicht sentimental; sie zeigten eine große Tapferkeit, doch auch eine große Zärtlichkeit. Sie stiegen in die Abgründe ihrer eigenen Seele und gelangten wieder zum Tageslicht. Sie benötigten kein Idol, das sie hätte retten müssen, weil sie in sich selbst ruhten; sie hatten nichts zu verlieren und hatten kein Ziel außer dem einen: ganz lebendig zu sein.

Ist dieses Ausmaß an Unabhängigkeit und Erleuchtung auch selten, so gibt es doch geringere Grade von Unabhängigkeit und Freiheit von Götzendienst, die zwar nicht allgemein üblich, aber auch nicht so selten sind. In solchen Menschen ist die „idolatrische Leidenschaft" nur schwach ausgebildet, und auch ihre Neigung, „Übertragungs"-Beziehungen herzustellen, ist gering. Leben ist für sie ein ständiger Prozeß, bei dem das Reich der Freiheit und die Unabhängigkeit von Idolen wächst.

Sieht man in der Freiheit von Idolen mehr als nur ein isoliertes Phänomen, dann gilt es, außer den individuellen Umständen, der Konstitution, den Kindheitserfahrungen usw. die gesellschaftlichen Faktoren in ihrer zentralen Bedeutung [für die Überwindung der Bindung an Idole] zu sehen. Diese sind nicht schwierig auszumachen, und ich möchte nur die wichtigsten erwähnen: die Ausbeutung muß aufhören, womit sich auch die sie rechtfertigenden Ideologien erübrigen, die die Menschen verwirren; es muß jedem Menschen möglich sein, frei von offener oder verborgener Gewalt und Manipulation zu leben, und zwar von der frühen Kindheit an; stimulierende Einflüsse, die die Entwicklung aller eigenen Fähigkeiten begünstigen, sind zu fördern. Reichtum und ein möglichst großer Konsum haben nichts mit Freiheit und Unabhängigkeit zu tun. Die Industriegesellschaft in ihrer kapitalistischen oder kommunistischen Ausrichtung trägt nicht zum Verschwinden der „idolatrischen Leidenschaft" bei, sondern fördert sie.

Diese Gedanken zur Hilflosigkeit des Menschen und zu den Möglichkeiten ihrer Überwindung sind von Freud [in *Die Zukunft einer Illusionen*, 1927c, S. 372] sehr schön ausgedrückt worden: „Ich widerspreche Ihnen also, wenn Sie weiter folgern, daß der Mensch überhaupt den Trost der religiösen Illusion nicht entbehren kann, daß er ohne sie die Schwere des Lebens, die grausame Wirklichkeit, nicht ertragen würde. Ja, der Mensch nicht, dem Sie das süße – oder bittersüße – Gift von Kindheit an eingeflößt haben. Aber der andere, der nüchtern aufgezogen wurde? Vielleicht braucht der, der nicht an der Neurose leidet, auch keine Intoxikation, um sie zu betäuben. Gewiß wird der Mensch sich dann in einer schwierigen Situation befinden, er wird sich seine ganze Hilflosigkeit, seine Geringfügigkeit im Getriebe der Welt eingestehen müssen, nicht mehr der Mittelpunkt der Schöpfung, nicht mehr das Objekt zärtlicher Fürsorge einer gütigen Vorsehung. Er wird in derselben Lage sein wie das Kind, welches das Vaterhaus verlassen hat, in dem es ihm so warm und behaglich war. Aber nicht wahr, der Infantilismus ist dazu bestimmt, überwunden zu werden? Der Mensch kann nicht ewig Kind bleiben, er muß endlich hinaus ins ‚feindliche Leben'. Man darf das ‚die *Erziehung zur Realität*' heißen."

Der Unterschied zwischen den Freudschen Äußerungen und meinen Ansichten ist folgender: Freud glaubt nicht, daß die Hilflosigkeit des Menschen zu einem beträchtlichen Ausmaß das Ergebnis der irrationalen und undurchsichtigen Struktur seiner Gesellschaft ist und daß in einer Gesellschaft, die zum Wohle aller und für alle transparent organisiert ist, sein Gefühl der Hilflosigkeit wesentlich reduziert wäre. Darüber hinaus glaubt Freud, daß nur die intellektuell-wissenschaftliche Seite stärker entwickelt werden müßte, um dem Menschen ein größeres Maß an Unabhängigkeit zu geben; er zieht zu wenig die emotionale Entwicklung des Menschen in seine Überlegungen mit ein. Anders gesagt und zugleich paradox: Freud verbindet nicht eine seiner größten klinischen Entdeckungen, die Übertragung, mit seiner Ansicht zur kindlichen Disposition im Menschen und den Möglichkeiten, aus dieser herauszuwachsen.

Unabhängig von dem bisher Gesagten gibt es noch einen anderen Aspekt des Unbewußten, den die klassische Theorie nicht in den Griff bekommt. Trotz allem Bemühen gibt es derzeit eine ganze Reihe von menschlichen Erfahrungen, die in ihrer Dynamik nicht mit Hilfe der Libidotheorie oder Ichpsychologie erklärt werden können, etwa die unbewußte Entfremdung und Depression, das Gefühl des Verlorenseins, der Ohnmacht und der Gleichgültigkeit gegenüber dem Leben. Sie alle sind typisch für das Leben in der kybernetischen Welt und sollten analytisch verstanden werden können. Ohne eine kritische Einstellung gegenüber der Gesellschaft werden sie aber nicht einmal zu Gegenständen der psychoanalytischen Aufmerksamkeit.

f) Das gesellschaftliche Verdrängte und seine Bedeutung für eine Revision des Unbewußten

Ein anderer Bereich, den es noch weiter zu erforschen gilt, betrifft das Wesen des Unbewußten und der Verdrängung. Obwohl Freud das „systematische" und topographische Modell des Unbewußten („Ubw.") als theoretisch unbefriedigend aufgegeben hat, ist doch immer noch ein Großteil des psychoanalytischen und populären Denkens von der Idee des Unbewußten als Ort oder eigenständige Größe fasziniert. (Viele benützen den Begriff „Unterbewußtes", der sich noch besser für eine Vorstellung des Unbewußten als Ort eignet.) Es gibt aber kein solches Ding oder einen solchen Ort wie „das" Unbewußte (vgl. auch R. R. Holt, 1965). Unbewußtheit ist kein Ort, sondern eine *Funktion*. Ich kann mir bestimmter Erfahrungen (Ideen, Impulse) nicht gewahr sein, weil eine strenge Abwehr ihnen den Zugang zum Bewußtsein versperrt. In einem solchen Fall kann man sagen, daß diese Erfahrungen unbewußt sind; sind sie nicht blokkiert, dann sind sie bewußt. (Wenn ich hier von „bewußt" und „unbewußt" spreche, dann gebrauche ich diese Worte in Freuds dynamischem Sinne und nicht in einem deskriptiven, so als wäre ich mir einer Idee nur zu einem bestimmten Zeitpunkt nicht bewußt, aber sie könnte ohne Schwierigkeiten ins Bewußtsein treten.) Freilich gibt es bestimmte Inhalte, die die Neigung haben, häufiger unbewußt zu sein als andere; doch auch diese Eigentümlichkeit rechtfertigt eine topographische Redeweise vom Unbewußten als Ort nicht.

Das eigentliche Problem lautet: Warum werden bestimmte Inhalte verdrängt, und was trägt zur jeweils unterschiedlichen Stärke der Verdrängung bei? Es wird viel über die aggressive Qualität des Überichs, über die Verbindung mit dem Todestrieb diskutiert, oder es werden metapsychologische Spekulationen angestellt zur Rolle von Ich und Überich im Prozeß der Verdrängung. Solche Spekulationen werfen aber wenig Licht auf die klinischen, beobachtbaren Phänomene; sie sind vielmehr abstrakte theoretische Übungen, die bestenfalls die theoretischen Formulierungen verfeinern, schlimmstenfalls aber von der Überprüfung der beobachtbaren Daten ablenken, von denen noch viel mehr nötig sind, bevor diese Art Theoretisieren fruchtbringend sein kann. Ich möchte nachfolgend nur kurz eine Richtung der Forschung erwähnen, die meines Erachtens fruchtbringend verfolgt werden könnte.

An erster Stelle ist der Begriff des „gesellschaftlichen Filters" zu erwähnen, der bestimmt, *welche* Erfahrungen zu Bewußtsein kommen dürfen (vgl. hierzu E. Fromm, 1960a, GA VI, S. 323-328). Dieser „Filter" ist gesellschaftlicher Natur und besteht aus Sprache, Logik und Sitten (tabuisierte bzw. erlaubte Ideen und Impulse). Er ist in jeder Kultur je verschieden und determiniert das „gesellschaftliche Unbewußte". Das gesellschaftliche Unbewußte wird deshalb so entschieden daran gehindert, bewußt zu werden, weil die Verdrängung bestimmter Impulse und Ideen eine sehr reale und wichtige Aufgabe für das Funktionieren der Gesellschaft hat, so daß der ganze kulturelle Apparat dem Zweck dient, das gesellschaftliche Unbewußte intakt zu halten. Im Vergleich dazu scheint die individuelle Verdrängung, die auf Grund besonderer Erfahrungen des einzelnen nötig ist, unbedeutend. Außerdem sind die individuellen Faktoren um so effektiver, je mehr sie die gleiche Ausrichtung wie die gesellschaftlichen Faktoren haben.

Wie immer man die Begriffe des gesellschaftlichen Unbewußten und Verdrängten einschätzt, es muß noch viel getan werden, um die Theorie des gesellschaftlichen Unbewußten und seiner Beziehung zum individuellen Unbewußten zu verbessern. (Es braucht kaum darauf hingewiesen zu werden, daß das gesellschaftliche Unbewußte, wie ich es verstehe, nichts mit dem kollektiven Unbewußten bei Jung zu tun hat. Bei mir geht es um Phänomene, die sich auf die

Gesellschaftsstruktur beziehen, bei Jung um archaische Strebungen, die allen Menschen gemeinsam sind.)

Auch hinsichtlich einer anderen Linie des Denkens, die ich in *Märchen, Mythen, Träume* (1951a, GA IX) erörtert habe, bedarf es noch weiterer Forschung. Ich vertrete dort die Ansicht, daß die Begriffe des Bewußten und Unbewußten bei genauerem Hinsehen relativ sind. Was wir gewöhnlich „Bewußtsein" nennen, ist ein Zustand des Geistes, der durch unser Bedürfnis bestimmt ist, die Natur zu beherrschen, um zu überleben, und – im engeren Sinne – um materielle Dinge zu produzieren, mit denen wir jene Bedürfnisse befriedigen, die sich im Laufe des historischen Prozesses entwickelt haben. Doch wir leben nicht nur, um für unsere biologischen Bedürfnisse zu sorgen und uns gegen Gefahren zu schützen. Im Schlaf, und seltener auch in anderen Zuständen wie etwa bei der Meditation, in der Ekstase oder in durch Drogen herbeigeführten Zuständen, sind wir von der Last, für unser Überleben sorgen zu müssen, befreit. Unter diesen Umständen kann ein anderes System des Gewahrwerdens zum Zuge kommen, bei dem wir uns selbst und die Welt in einer völlig subjektiven und persönlichen Weise wahrnehmen, ohne daß wir unsere Wahrnehmung durch die Interessen einer Überlebensstrategie zensieren müßten. Diese Art der Wahrnehmung ist zum Beispiel in unseren Träumen bewußt. Wenn wir schlafen, ist das subjektive Erleben bewußt und das „objektive" Erleben unbewußt; wenn wir im Wachzustand sind, ist es umgekehrt.

Weil das Leben des Menschen hauptsächlich dem Kampf um sein Dasein gewidmet war, erachtete man das Bewußtsein, bezogen auf diesen zweckorientierten Zustand des Seins, als das „eigentliche" Bewußtsein und sah im anderen Bewußtsein, jenem, das von äußeren Verbindlichkeiten völlig frei war, das Unbewußte. In Wirklichkeit sind beide völlig verschiedene Formen der Logik und der Erfahrung, die von den beiden Formen des Seins und des Handelns abhängen. Nur vom Standpunkt des gesunden Menschenverstandes aus, das heißt, von einem Denken aus, das auf eine praktische Handlung bezogen ist, erscheinen die Prozesse des „Unbewußten" als archaisch, irrational, strafend. Vom Standpunkt der Freiheit aus sind sie kein bißchen weniger rational oder strukturiert als jene des Bewußtseins.

Erforscht man dieses Problem weiter, wird man meines Erachtens zu einer kritischen Einschätzung von Freuds Begriff des Primär- und des Sekundärprozesses sowie der herkömmlichen psychoanalytischen Erforschung des künstlerischen Prozesses kommen, soweit diese auf diesen Begriffen aufbauen. (Leider hat sich die klassische Psychoanalyse mit ihrem Begriff des Primärprozeßhaften weitgehend selbst daran gehindert, eine psychoanalytische Theorie der Kunst zu entwickeln, denn die primären Prozesse finden im Unbewußten statt und sind von Natur aus archaische, unstrukturierte Prozesse innerhalb des Es. Bei solchen Voraussetzungen kann die Sprache der Kunst nicht als das verstanden werden, was sie ist: eine andere Sprache mit einer eigenen Struktur und Logik.)

Wird das genannte Problem weiter erforscht, dann wird man imstande sein zu zeigen, (1) daß verschiedene Zustände von Bewußtem bzw. Unbewußtem von sozio-ökonomischen Faktoren determiniert sind, und zwar besonders entsprechend der Rolle, die die Beherrschung der Natur spielt; und man kann zeigen, (2) daß die strikte Gegenüberstellung von Bewußtem und Unbewußtem in individuellen oder kulturellen Verhältnissen, die nicht vom Interesse an materieller Produktion beherrscht werden, nicht zwangsläufig ist. Verändert sich die Balance zwischen den zwei Zuständen des Seins, wird der ihnen innewohnende Antagonismus wahrscheinlich verschwinden, und folglich wird es möglich sein, über verschiedene Formen des Bewußtseins mit ihrer je eigenen Struktur und Logik zu sprechen, und es werden sich die beiden Formen auch miteinander mischen lassen.

Ein völlig anderer Bereich von Unbewußtem läßt sich anhand des „falschen Bewußtseins" erforschen. Ich beziehe mich auf die Tatsache, daß wir uns selber, andere und Situationen in einer entstellten – falschen – „Weise" vorstellen und wir uns nicht gewahr werden, wer wir oder sie tatsächlich sind oder, genauer gesagt, nicht sind. Das Kind im Märchen von des Kaisers neuen Kleidern ist sich dessen bewußt, was der Kaiser nicht ist: Er ist nicht bekleidet. Unsere eigenen inneren Zwänge, verknüpft mit gesellschaftlicher Suggestion, informieren uns so gut wie nie adäquat, was eine Person oder eine Situation nicht ist. Wir vermögen zum Beispiel nicht zu sehen, daß unsere Handlungen nicht in Übereinstimmung mit unseren Werten stehen, daß unsere Führer nicht anders sind als der Durchschnitt, daß wir selbst nicht wirklich wach sind, nichts Sinnvolles tun, nicht glücklich sind. Wir sind uns dessen nicht bewußt, daß Liebe und Freiheit Abstraktionen sind, daß man sie also nicht „haben" kann, sondern daß man nur lieben kann und sich selbst befreien kann, was wir aber nicht tun.

Auch wenn es stimmt, daß das Bewußtwerden dessen, was wir nicht sind, weniger angsterregend ist als das Gewahrwerden des zuvor beschriebenen chaotischen Unbewußten, so ist es doch ziemlich unbequem. Unbewußtes ist identisch mit dem Nicht-Gewahrsein der Wahrheit; des Unbewußten gewahr werden, heißt, die Wahrheit entdecken. Dieser Begriff von Wahrheit ist nicht der traditionelle, der unter „Wahrheit" die Entsprechung von Denken und dem, worauf sich das Denken bezieht, versteht, sondern ein dynamischer, bei dem die Wahrheit der Prozeß des Ausräumens von Illusionen ist, also der Erkenntnis dessen, was der Gegenstand *nicht* ist. Wahrheit ist keine endgültige Aussage über etwas, sondern ein Schritt in die Richtung von Enttäuschung (*undeception*). Das Gewahrwerden des Unbewußten wird zu einem wesentlichen Element der Wahrheitssuche; Erziehung wird zum Prozeß der Desillusionierung, der „Rücknahme der Täuschung" (*de-deception*).

Was im Wachzustand gewöhnlich unbewußt ist, wird in der Kunst bewußtgemacht. Die Dichter drücken jene Erfahrungen aus, die der durchschnittliche Mensch ahnt, deren er sich aber nicht bewußt ist. Indem er ihnen Form gibt, ist er fähig, die Erfahrung anderen mitzuteilen. Der Dramatiker verhilft einer Erfahrung zum Leben, die gewöhnlich verdrängt ist, weil sie aller zulässigen Erfahrung widerspricht. Wäre Hamlet zu einem Psychoanalytiker gekommen, hätte er vielleicht über ein „Gefühl der Unruhe" geklagt, sobald er mit seiner Mutter zusammen ist, und über ein „unerklärliches Mißtrauen gegenüber seinem Stiefvater"; und vielleicht hätte er hinzugefügt, daß „diese Gefühle ziemlich neurotisch sind, weil seine Mutter und sein Stiefvater in Wirklichkeit ganze liebe Menschen und zu ihm ganz freundlich seien". Ein klassischer Analytiker würde ihm dann zeigen, daß sein Haß gegen den Onkel eine Folge seiner Ödipus-Rivalität sei und daß die Wurzel des ganzen Problems seine inzestuösen Wünsche nach seiner Mutter sei. Shakespeares Analyse dagegen besteht darin, daß er Hamlets unbewußte Einsicht in den wahren Charakter seiner Mutter und seines Onkels aufdeckt: Sie sind skrupellose, lügnerische Mörder. Hamlet verdrängt nicht seine inzestuösen Wünsche, sondern sein Gewahrsein der Realität. Der Rat des Geistes dient dazu, der Wahrheit von Hamlets Argwohn Geltung zu verschaffen.

Der Künstler enthüllt die verdrängte Wahrheit, weil sie mit der Konvention und dem, was „denkbar" ist, unvereinbar ist. In seiner Kunst tut er, was der Psychoanalytiker im privaten Rahmen tut: Er deckt die verdrängte Wahrheit auf. Aus diesem Grund ist alle große Kunst revolutionär. Selbst ein „reaktionärer" Künstler wie Dostojewski ist ein Revolutionär, weil er die verborgene Wahrheit aufdeckt. Die

„Künstler" des „sozialistischen Realismus" hingegen sind reaktionär, weil sie dabei helfen, die vom Staat hervorgebrachten Illusionen zu decken. Homer tat mit seiner Beschreibung des Trojanischen Krieges mehr für den Frieden, als die Friedens-„Kunst", die von der politischen Propaganda benützt wird.

g) Das neue Verständnis des Unbewußten bei Ronald D. Laing

Tiefgreifende neue Einsichten zum Verständnis unbewußter Prozesse kommen im Werk von Ronald D. Laing zum Vorschein (vgl. R. D. Laing 1960, 1961, 1964, 1964a, 1966 und 1967). Laing kann zur „Daseinsanalytischen Psychoanalyse" gerechnet werden (vgl. R. May et al., 1958), doch neben einigen allgemeinen philosophischen Positionen, die er mit anderen Existentialisten teilt, unterscheidet sich sein Ansatz dadurch, daß er in jedes Detail der Phantasien und des Verhaltens seiner Patienten tief eindringt, sowie durch seine Bezogenheit auf sie und seine Empathie. (Vergleicht man seinen Zugang etwa mit dem, den der Mitbegründer der Daseinsanalyse, Ludwig Binswanger, in seiner Fallbeschreibung der Ellen West zeigt, wird der Unterschied sehr deutlich. Auch wenn er nicht für alle Daseinsanalytiker repräsentativ ist, so begibt sich Binswanger doch nicht wirklich in das Verstehen der Lebenserfahrung der Patientin hinein, sondern gibt einfach den üblichen Bericht, um dann die verschiedenen Symptome, Komplexe, Wünsche mit Begriffen zu belegen, die von Husserl und Heidegger genommen sind. Der Patient selbst bleibt unbekannt und außer einer Menge philosophischer Phrasen, die nur den herkömmlichen und entfremdeten Zugang zum Patienten verdecken, bleibt der Patient unbekannt.)

Ronald D. Laing ist vor allem ein radikaler Humanist. Für diesen Aspekt seiner Position ist folgende Äußerung kennzeichnend: „Die Humanitas ist ihren Möglichkeiten entfremdet. Diese Grundeinsicht hindert uns daran, den ‚gesunden Menschenverstand' für eindeutig gesund und den sogenannten Verrückten für verrückt zu halten... Unsere Entfremdung geht bis an die Wurzeln. Eine Realisierung dessen ist notwendiger Ausgangspunkt für jede ernsthafte Reflexion über irgendeinen Aspekt zwischenmenschlichen Lebens heute. Aus verschiedenen Perspektiven gesehen, auf verschiedene Weise gedeutet und in verschiedenen Idiomen ausgedrückt, vereint eine solche Realisierung so verschiedenartige Männer wie Marx, Kierkegaard, Nietzsche, Freud, Heidegger, Tillich und Sartre." (R. D. Laing, 1967, S. 10.) Seine Auffassung von Therapie ist seiner humanistischen Position nahe verwandt, wie die folgende Äußerung zeigt (vgl. a.a.O., S. 46): „Psychotherapie muß *der eigensinnige Versuch zweier Menschen bleiben, die Ganzheit des Menschseins durch ihre Beziehung zueinander wiederzuentdecken.*" Er behauptet (vgl. a.a.O.), daß „eine therapeutische Beziehung, bei der ein Objekt verändert werden soll, statt daß ein Mensch akzeptiert werden soll, nur die Krankheit, die sie zu kurieren vorgibt, perpetuiert".

Laings originellste Beiträge beziehen sich auf die unbewußten Aspekte der Erfahrung eines Menschen. In *Das Selbst und die Anderen* gibt er eine tiefgehende Analyse jener Phänomene, die von den meisten Psychoanalytikern vernachlässigt wurden. Der Reichtum und die Konkretheit seiner Analyse der zwischenmenschlichen Prozesse läßt sich nicht einfach zusammenfassen, so daß ich den Leser auf seine Schriften verweisen muß. Im übrigen halte ich Laings Denken innerhalb der Geschichte des psychoanalytischen Denkens eng verwandt mit dem von Harry Stack Sullivan, vor allem wegen seiner konkreten Beschreibung der unbewußten Phantasien der Patienten, deren Kommunikation mit anderen und besonders mit dem Analytiker als einem „teilnehmenden Beobachter". Erwähnen möchte ich eigens, daß Laing neues Licht auf die zwischenmenschlichen Erfahrungen Schizophrener geworfen hat, und zwar nicht nur durch seine Beschreibung, was in den an Schizophrenie Erkrankten vor sich geht, sondern auch wegen der Schilderung der zwischenmenschlichen Kommunikation innerhalb der Familien schizophrener Patienten.

Über die Daten des schizophrenen Erlebens hinaus hat Laing eine ganze Reihe anderer höchst bedeutsamer Erfahrungen analysiert. Ich halte für besonders erwähnenswert seine Erörterung der „Phantasie", der „Einbildung", des „Ausweichens", der „Identität" und der Selbsterfahrung, der „Bestätigung", der „Nicht-Bestätigung" und der „Kollusion" [vgl. R. D. Laing, 1961]. Die Bedeutung von Laings Ansatz für eine kreative Revision der Psychoanalyse liegt in der Tiefe seiner Erfahrung des Lebens sowie in seiner Anwendung des Prinzips der äußerst genauen Beobachtung und Beschreibung, wobei er sich nicht vom Ballast dogmatischen Denkens hindern läßt und auch frei ist von der üblichen Verdrängung auf Grund seiner kritischen Einschätzung der bestehenden Gesellschaft (vgl. a.a.O., S. 67). Laing erörtert das Problem der Anpassung von einer radikal humanistischen und gesellschaftskritischen Warte aus: [Im Vergleich mit einem Formationsflug, bei dem die Flugzeuge aus dem Kurs geraten sind, sagt er (1967, S. 108)]: „Wenn die Formation selbst vom Kurs abgekommen ist, muß, wer wirklich ‚Kurs halten' will, die Formation verlassen."

Es gibt nur einen wichtigen Aspekt, in dem ich nicht mit Laing übereinstimme. Er vertritt die Auffassung, daß es so etwas wie eine „Basis der Persönlichkeit" oder „*ein* inneres System" (a.a.O., S. 89) nicht gibt, sondern daß jeder Mensch aus sich heraus „verschiedene gesellschaftliche Weisen des Seins" hervorbringt. Auch glaubt er, daß es so etwas wie „Grundgefühle", Triebe oder Persönlichkeit außerhalb der Beziehung, die jemand innerhalb des einen oder anderen sozialen Kontextes hat, nicht gibt. Ohne das gesamte Problem hier aufgreifen zu können, möchte ich sagen, daß die Annahme eines zugrundeliegenden Charaktersystems im Menschen A nicht die Möglichkeit ausschließt, daß dieses System nicht auch permanent von den Systemen B, C, D usw., mit denen es in Kommunikation steht, berührt wird und daß bei diesem zwischenmenschlichen Prozeß verschiedene Aspekte des Systems A bestärkt werden, während andere an Intensität verlieren. Das einfachste Beispiel hierfür ist ein Mensch mit einem sadomasochistischen System. In der Begegnung mit einem System B wird sein Sadismus, in der Begegnung mit einem anderen C wird sein Masochismus aktiviert. Ein Mensch, in dessen System der Sadomasochismus keine Ausprägung gefunden hat, wird weder masochistisch noch sadistisch reagieren, wenn er dem System B bzw. C begegnet.

Vielleicht ist Laings bisher größte Leistung, was man – traditionell gesprochen – seinen „Beitrag zur Erforschung der Schizophrenie" nennen würde. Doch damit würde man Laings Versuch nur ungenügend umschreiben, denn in der Tiefe, in der er die Schizophrenie sieht, hört diese „Krankheit" auf, eine Krankheit zu sein und wird zu einem Zustand des Seins, zu einer Reise in das Dunkle der inneren Welt, in eine Dimension des Seins, dergegenüber die „normale" Icherfahrung nur eine vorläufige Illusion ist. Was Laing hier zu sagen hat, geht meiner Kenntnis nach weit über das hinaus, was jemals Psychoanalytiker gesagt haben. Es eröffnet neue Aussichten für das psychoanalytische Verständnis nicht nur der Psychose, sondern auch des „normalen" Geistes (in seinen gesunden und in seinen kranken Aspekten) sowie der religiösen und der künstlerischen Erfahrung. Ich halte sein Werk für einen sehr bedeutsamen und vielversprechenden Beitrag zu einer dialektischen Revision der Psychoanalyse.

h) Wirkfaktoren bei der Aufhebung der Verdrängung

Ebenso wichtig wie die Erforschung der Gründe für die Verdrängung kennenzulernen, ist es, die Wirkfaktoren zu entdecken, die eine „Aufhebung der Verdrängung" (*de-repression*) erlauben und fördern, so daß das Unbewußte bewußt wird. In meinen Augen ist dies die Schlüsselfrage der psychoanalytischen Therapie, auch wenn sie relativ wenig Beachtung gefunden hat. Man ist allzu bereit, der Erklärung der traditionellen psychoanalytischen Antwort Glauben zu schenken, daß einerseits das Leiden am Symptom und andererseits das Vorhandensein einer positiven Übertragungsbeziehung zum Psychoanalytiker weitgehend für die Aufhebung der Verdrängung verantwortlich sind. Dies stimmt zweifellos, doch es ist keine hinreichende Erklärung dafür, daß es zur Aufhebung der Verdrängung kommt. (Meiner Erfahrung nach spielt die Stärke der biophilen Tendenzen im Vergleich zu den nekrophilen als Voraussetzung für die Aufhebung der Verdrängung eine entscheidende Rolle.)

Die Frage ist doch, ob das Gewahrwerden des Unbewußten nur innerhalb einer psychoanalytischen Therapie möglich ist. Geschieht es auch außerhalb dieser Situation und, wenn ja, welche Faktoren sind dabei wichtig? Die dialektische Revision der Psychoanalyse wird diesem Problem viel Aufmerksamkeit zu schenken haben, und von der weiteren Erforschung dieser Frage sind viele neue Einsichten zu erwarten. [Vgl. die Ausführungen zur Selbstanalyse und zur transtherapeutischen Psychoanalyse in E. Fromm, 1989a, S. 85-113.]

Ich möchte hier nur einige Faktoren erwähnen, die mir bedeutsam erscheinen. Ein erster Wirkfaktor ist gesellschaftlicher Art: Anscheinend ist es so, daß radikaler sozialer Wandel, in dem viele überkommene Gewohnheiten des Denkens und Fühlens zu zerfallen beginnen, der Aufhebung der Verdrängung zumindest in bestimmten Bereichen förderlich ist.

Ein anderer Wirkfaktor scheint das Ausmaß des „Wachseins“ oder der Lebendigkeit eines Menschen zu sein. Auch wenn es sehr schwierig ist, „Wachsein“ zu beschreiben [vgl. E. Fromm, 1989a, S. 50-54], so gibt es doch viele Menschen, die für ihre Stimmungen besonders empfindsam sind und die sich dieses Wachseins bewußt werden. Sie entdecken in sich in verschiedenen Daseinszuständen Verschiedenheiten des Wachseins und machen die gleiche Beobachtung auch bei anderen. Im Vergleich zu dem Zustand des größtmöglichen Wachseins kommen ihnen die meisten Menschen wie in einem Halbschlaf vor. Dieser liegt weitgehend in der halbhypnotischen Abhängigkeit des suggestiven Einflusses von Führern, Slogans usw. begründet. Ein anderer Grund ist das zwanghafte Geschäftigsein der Menschen, das sie daran hindert, zu sich selbst zu kommen, und das ihr Wachsein auf das Niveau reduziert, das für ihr Geschäftigsein nötig ist. Physische und geistige Entspannungsübungen, Übungen des Stillewerdens und Konzentrationsübungen hingegen sind geeignet, ein höheres Maß an Wachsein und damit an Bewußtsein zu erreichen.

Die heute so modern gewordene Idee, sein Unbewußtes dadurch zu entdecken, daß man „ganz frei und offen“ in einer Gruppe sich ausspricht, scheint mir auf einer Illusion aufzubauen. Das auszusprechen, was man über sich und andere denkt und fühlt, bringt gewöhnlich kein unbewußtes, sondern nur bewußtes, wenn auch geheimes (also üblicherweise nicht mitgeteiltes) Material hervor. Teilt man es anderen mit, neigt man dazu, die eigentlich unbewußten Komponenten zu verfehlen, denn diese sind so subtil, daß das rohe Instrument des Gruppengesprächs sie eher verborgener macht als sie zu offenbaren. Ganz im Unterschied zu dieser Mode des „Sprechens über“ bin ich der Überzeugung, daß man vermutlich erfolgreicher ist, wenn man stille wird, sich konzentriert und das Unbewußte zu Bewußtsein bringen will, als wenn man konstant mit anderen spricht. Die ideale Lösung besteht für mich in der Möglichkeit, mit einem anderen Menschen in einer ruhigen Weise zu kommunizieren, bei der der Zuhörer, wenn er überhaupt etwas sagt, einige Fragen stellt und nur das mitzuteilen versucht, was er von der unbewußten Kommunikation wahrnimmt. Genau dies sollte in einer psychoanalytischen Therapie geschehen.

5. Die Bedeutung von Gesellschaft, Sexualität und Körper in einer revidierten Psychoanalyse

Freud erkannte die Verbindung von Individuum und *Gesellschaft* klar, so daß Individualpsychologie und Sozialpsychologie verflochten sind. Doch er neigte im allgemeinen dazu, die Gesellschaftsstruktur als von triebhaften Bedürfnissen determiniert zu erklären, statt die Interaktion beider zu sehen. Es war unvermeidlich, daß Psychoanalytiker zunehmend an der Anwendung der psychoanalytischen Erkenntnisse auf gesellschaftliche Gegebenheiten interessiert waren. Von kulturanthropologischer Warte aus wurden solche Versuche von Freud selbst in *Totem und Tabu* (1912-13) gemacht. Geza Roheim analysierte seine anthropologischen Daten auf der Basis der Freudschen Theorie. Abraham Kardiner versuchte zusammen mit anderen Anthropologen, die „Basis der Persönlichkeit" der primitiven Gesellschaft zu verstehen. Die ersten Versuche der Analyse von soziologischer Warte aus machten Wilhelm Reich und ich.

Während Reich sich besonders auf die Beziehung zwischen Sexualmoral, Verdrängung und Gesellschaft konzentrierte, stand im Mittelpunkt meines Interesses der „Gesellschafts-Charakter", also jene „Charaktermatrix", die von den Mitgliedern einer Gesellschaft oder gesellschaftlichen Klasse geteilt wird und durch die allgemeine menschliche Energie in eine spezifisch menschliche Energie verwandelt wird, die für den Bestand einer gegebenen Gesellschaft notwendig ist.

Die immer größer werdende gesellschaftliche und menschliche Krise ließ es immer deutlicher werden, daß man erst die unbewußten Aspekte der menschlichen Motivation und die Weise, wie diese mit den sozio-ökonomischen und politischen Kräften interagieren, verstehen muß, wenn man Phänomene wie Krieg, Aggression, Entfremdung, Apathie und Konsumzwang verstehen will. Eine Reihe von Beiträgen kam von Autoren, die – obwohl selbst keine Psychoanalytiker – psychoanalytische Vorstellungen gebrauchten. Unter ihnen sind David Riesman mit seiner Arbeit über den amerikanischen Charakter, Geoffrey Gorer mit seiner Studie über den russischen Nationalcharakter und Herbert Marcuse mit seinen Forschungen über die Auswirkungen einer „repressiven" Gesellschaft auf Sexualität und Eros.

Meine eigene Forschung zum Gesellschafts-Charakter habe ich vor allem in *Die Furcht vor der Freiheit* (1941a), [*Psychoanalyse und Ethik* (1947a)] und in *Wege aus einer kranken Gesellschaft* (1955a) dargestellt sowie in zwei großen empirischen Studien: der über den autoritären Charakter deutscher Arbeiter und Angestellter um 1930 [*Arbeiter und Angestellte am Vorabend des Dritten Reiches*, 1980a] und der zusammen mit Michael Maccoby durchgeführten Studie über den Gesellschafts-Charakter eines mexikanischen Dorfes (*Psychoanalytische Charakterologie in Theorie und Praxis. Der Gesellschafts-Charakter eines mexikanischen Dorfes*, 1970b). Weitere analytisch-sozialpsychologische Forschung wird, davon bin ich überzeugt, viel dazu beitragen, die pathologischen Elemente in einer kranken Gesellschaft und jene krank machenden gesellschaftlichen Faktoren zu identifizieren, die die „Pathologie der Normalität" hervorbringen und wachsen lassen.

Paradoxerweise wurde der Erforschung der *Sexualität* in der klassischen Psychoanalyse nicht genügend Aufmerksamkeit geschenkt. Auf den ersten Blick mag diese Behauptung absurd klingen. Hat Freud nicht seine ganze Triebtheorie auf den Begriff der Sexualität aufgebaut?

Schaut man genauer auf Freuds Schriften, die psychoanalytische Literatur und die orthodoxe psychoanalytische Praxis, dann zeigt sich, daß die Sexualität in einer eigenartig abstrakten und schematischen Weise abgehandelt wird. Vom Kind wird angenommen, daß es libidinöse Phasen durchläuft; der Erwachsene kann an eine dieser Phasen fixiert bleiben oder auf sie regredieren, aber es gibt eigentlich kein Interesse an den vielen konkreten und speziellen Facetten des sexuellen und vor allem des genitalen Verhaltens. Kinsey und Masters haben uns eine Fülle von Daten zum sexuellen Verhalten vorgelegt, ohne viel Einsicht in deren psychologische Bedeutung zu dokumentieren. Die psychoanalytische Literatur kann keinerlei vergleichbare klinische Dokumentation vorweisen. Dies scheint teilweise mit einer gewissen Abneigung zu tun zu haben, allzu offen über sexuelle Praktiken zu sprechen – eine Abneigung, die man schon bei Freud finden kann und die, betrachtet man seinen Hintergrund, auch ganz gut zu verstehen ist. Sie findet sich auch bei den meisten seiner Schüler, die das übliche Maß an Prüderie hinsichtlich solcher Fragen besaßen.

Die Revision der Psychoanalyse wird sehr viel mehr Wert auf die konkreten Details des sexuellen Verhaltens und ihres Verstehens legen müssen. Dies gilt vor allem für das „normale“ sexuelle Verhalten. Es genügt nicht, festzustellen, daß ein Mann oder eine Frau einen Orgasmus hat, wenn man darunter nur das versteht, was Kinsey in grober und ungenügender Weise „Ventil“ nennt. Es geht darum, die *Qualität* des Orgasmuserlebens zu verstehen. Den bedeutendsten Schritt in diese Richtung hat Wilhelm Reich unternommen, der die Entspannung des ganzen Körpers als Voraussetzung für eine ganze „orgastische Potenz" betrachtete und ganz allgemein die entspannte Haltung im Gegensatz zum körperlichen „Panzer" sah, der Ausdruck von Verdrängung und Widerstand sei. Es sollte hinzugefügt werden, daß Reichs Auffassung von der orgastischen Potenz letztlich über das Problem rein körperlicher Entspannung hinausführt. Ehrgeiz, Neid, Zorn, Geiz, Gier – also die klassischen „Sünden", die in Freuds Verständnis das Ergebnis prägenitaler Strebungen sind – blockieren die volle Entspannung. Das „spirituelle" Problem des *Seins* im Gegensatz zur Leidenschaft des *Habens* kann nicht von dem der völligen Entspannung getrennt werden.

Besonders angesichts der wachsenden Tendenz, die Gleichberechtigung der Geschlechter auch als ihre *Gleichheit* zu begreifen, ist es darüber hinaus nötig, das Phänomen der „erotischen Sexualität", das in der Geschlechterpolarität wurzelt, in Abgrenzung zur „nicht-erotischen Sexualität", die in dem Wunsch nach physischer Entspannung und körperlicher Nähe gründet, zu erforschen. Gerade bei der letzteren Art von Sexualität sind die Unterschiede zwischen Homosexualität und Heterosexualität etwas verschwommen. Insgesamt stellen sie eine Mischung aus den psychischen Charakteristika infantiler Sexualität und den Charakteristika physiologischer Prozesse bei Erwachsenen dar.

Der andere Aspekt der Sexualität, der einer Revision bedarf, sind die „abnormen" sexuellen Verhaltensweisen, besonders die Perversionen. [Vgl. unten Kapitel III, Abschnitt 3.] Auch hier hat eine gefällige Erklärung auf theoretischer Ebene die Wirklichkeit verdunkelt. Es ist doch zu fragen: Welche Qualität hat bei Perversionen das körperliche und psychische Erleben im Unterschied zum genitalen sexuellen Verkehr? Außerdem: Welchen Bezug haben die Perversionen zum Charakter des betreffenden Menschen außerhalb der sexuellen Sphäre? Ist der sadistische Mann, der nur erregt wird, wenn er einer Frau Schmerz zufügen und sie demütigen kann, dann auch charakterologisch in seinem Alltagsleben von diesem sadistischen Verlangen in Mitleidenschaft gezogen, oder wurzelt sein sexueller Sadismus in seinem sadistischen Charakter? Was ist der psychologische Unterschied zwischen oraler und analer Perversion? Vielen weiteren wichtigen Fragen dieser Art muß noch nachgegangen werden, doch dies ist nur möglich, wenn die Sexualität nicht mehr so vorsichtig und so theoretisch behandelt wird.

Die klassische Theorie hat einen wichtigen Bereich überhaupt nicht aufgegriffen: den *Körper* zu begreifen als einen Weg zum Verständnis des Unbewußten. Der Körper ist „ein Symbol der Seele": Die Gestalt des Körpers, die Haltung, die Art des Gehens, die Gesten, der Gesichtsausdruck, das Atmen und die Sprechweise – all dies sagt viel, ja mehr über das Unbewußte eines Menschen aus als fast alle anderen Informationen, die herkömmlicherweise im psychoanalytischen Prozeß gebraucht werden.

In den körperlichen Ausdrucksmöglichkeiten werden nicht nur der Charakter eines Menschen und besonders seine unbewußten Aspekte sichtbar, sondern auch ganz wichtige Aspekte neurotischer Behinderungen. Einer der bedeutsamsten Beiträge Wilhelm Reichs war die Erkenntnis des Zusammenhangs von körperlicher Haltung und Widerstand auf der einen, und körperlicher Entspannung, Aufhebung der Verdrängung und Gesundheit auf der anderen Seite. Der einzige Analytiker aus der Generation vor Reich, dessen Ideen in eine ähnliche Richtung gingen, war Georg Groddeck. Er begann, mit Massage zu arbeiten und wurde bei seiner Arbeit mit ihr darin bestärkt, daß man das Unbewußte sehr gut verstehen kann, wenn man den Körper als Symbol der Seele begreift.

Wie immer man zu Reichs späteren Theorien über das Orgon usw. denkt, so gehört die Betonung, die er auf körperliche Prozesse als Ausdruck des Unbewußten legte, meines Erachtens zu den wesentlichsten Beiträgen zur psychoanalytischen Theorie. Freilich war seine Art, die Dinge zu sehen, für die Mehrheit der Psychoanalytiker, denen es vor allem um Worte und theoretische Begrifflichkeiten ging, so anders, daß sich verstehen läßt, warum seine Ideen von ihnen nicht so gut aufgenommen wurden. Nur eine kleine Gruppe seiner Anhänger nahmen sie ernst. Reichs Werk beeinflußte andere, die seinen Ansatzpunkt kreativ weiterentwickelten. Ich möchte hier nur Björn Christiansen nennen, der ein höchst interessantes Buch zu dieser Frage geschrieben hat (B. Christiansen, 1963).

Außerhalb der Psychoanalyse wurde die psychologische Bedeutung des Bezugs zum Körper vor allem von I. H. Schultz betont, dessen „Autogenes Training" einen starken Einfluß bekam und andere Psychiater zur Ausarbeitung von Methoden körperlicher Entspannung anregte, die nichtsuggestiv sind. In den letzten Jahrzehnten wurde die Einsicht in den psychologischen Wert körperlicher Entspannung durch die zunehmende Bekanntschaft mit verschiedenen Yoga-Arten und ihren westlichen Spielarten in den Systemen von Elsa Gindler noch vergrößert, die in den Vereinigten Staaten von Charlotte Selver und anderen populär gemacht wurden. Ich bin der Überzeugung, daß wir erst an der Schwelle zu einem sehr wichtigen Bereich der Therapieforschung sind, der durch die Betonung des Erlebens von Erfahrung anstelle des Nachdenkens über Erfahrungen gekennzeichnet ist, und daß eine kreative Entwicklung der Psychoanalyse zu entscheidend neuen Erkenntnissen in diesem Bereich führen wird.

6. Zur Revision der psychoanalytischen Therapie

a) Aspekte für den Bereich der therapeutischen Praxis

Viele Psychoanalytiker halten eine Revision der psychoanalytischen Therapie für notwendig. Die Frage ist nur, wie weitgehend eine Revision in Aussicht genommen wird. In den Schriften von Harry Stack Sullivan, Ronald D. Laing, mir selbst und anderen wird als wichtigster Punkt einer Revision die Veränderung der gesamten psychoanalytischen Situation angesehen: Die Beziehung des distanzierten Beobachters, der aufmerksam gegenüber seinem „Objekt" ist, soll zu der einer zwischenmenschlichen Kommunikation werden. Dies ist freilich nur möglich, wenn der Analytiker auf den Patienten antwortet, der dann seinerseits auf die Reaktion des Analytikers antwortet, usw. Geschieht dies, wird der Analytiker jener Erfahrungen gewahr werden, deren sich der Patient zu einem bestimmten Zeitpunkt nicht gewahr ist. Indem er mitteilt, was er sieht, fördert der Analytiker neue Antworten zutage. So führt der gesamte Prozeß zu einer immer größeren Klärung.

Eine solche Art von Kommunikation ist nur möglich, wenn der Analytiker wirklich spürt, was im Patienten vor sich geht und nicht nur einen verstandesmäßigen Zugang zum Patienten hat. Er muß sehen, sehen und nochmals sehen und so wenig wie möglich denken. Und er muß die Illusion aufgeben, daß er als Analytiker „gesund", der Patient aber „krank" ist. Sie beide sind Menschen. Wenn das Erleben des Patienten, und sei es noch so krankhaft, nicht wenigstens eine Saite des eigenen Erlebens beim Analytiker zur Schwingung bringt, dann versteht er den Patienten nicht.

Der Analytiker wird nur dann das Vertrauen des Patienten wirklich gewinnen, wenn es sich der Analytiker auch erlaubt, verwundbar zu sein und sich nicht hinter der Rolle des Professionellen versteckt, der die Antworten kennt, weil er für die Kenntnis der Antworten bezahlt wird.

In Wirklichkeit haben sich beide, der Analytiker und der Patient, eine gemeinsame Aufgabe vorgenommen: das gemeinsame Verstehen dessen, was der Patient erlebt, und das gemeinsame Verstehen der Reaktionen des Analytikers auf das Erleben des Patienten. Es geht dabei nicht um das Verstehen des „Problems", das der Patient hat. Der Patient „hat" kein Problem, sondern ist ein Mensch, der an seiner Art zu leben leidet.

Eine Revision der psychoanalytischen Therapie ist auch hinsichtlich der Bedeutung der Kindheit dringend angezeigt. Die klassische Analyse neigt dazu, im gegenwärtigen Geschehen „nichts anderes als" die Wiederholung der Vergangenheit (der frühen Kindheit) zu sehen. Dementsprechend ist das Ziel der Therapie, die Konflikte aus der Kindheit zu Bewußtsein zu bringen und das Ich des Patienten so zu stärken, daß es besser mit den verdrängten Triebwünschen umgehen kann, als es für das Kind damals möglich war. Da Freud erkannte, daß in vielen, wenn nicht in allen Fällen, das ursprüngliche kindliche Erleben nicht mehr erinnert werden kann, hoffte er, es sozusagen in einer „Neuauflage" zu finden, nämlich in dem Material, das durch die Übertragung ans Licht gebracht wird.

Viele Analytiker begannen, sich auf Rekonstruktionen dessen zu stützen, was vermutlich in der Kindheit geschehen war. Sie nahmen an, wenn der Patient verstehen könne, warum er zu dem wurde, was er jetzt ist, dann würde diese Einsicht ihn bereits heilen. Rekonstruktionswissen hat aber keinerlei heilenden Effekt; es stellt nur eine intellektuelle Annahme von tatsächlichen oder vermeintlichen Fakten und Theorien dar. Wenn direkt oder indirekt suggeriert wird, daß das Wissen dieser Fakten vom Symptom befreien wird, dann allerdings mag die Macht der Suggestion ähnlich wie bei einer Teufelsaustreibung eine „Heilung" bewirken, wenn auch keine auf analytischem Wege. Auch ist kaum zu bestreiten, daß das klassische Verständnis der psychoanalytischen Prozedur, bei der der Patient als Gegenüber des Analytikers verstanden und bewußt zum Kind gemacht wird, die suggestiven Beeinflussungsmöglichkeiten steigert. Auf diese Weise verkommt die psychoanalytische Therapie oft zu einem puren Eindringen in die Vergangenheit des Patienten, ohne daß die Erfahrung gemacht werden kann, daß Verdrängtes wirklich aufgedeckt wird.

Das rekonstruierende Verständnis der psychoanalytischen Therapie führt zu einer weiteren Konsequenz: Statt die Eigenart und Bedeutung des gegenwärtigen Erlebens des Patienten wirklich zu verstehen, kommt es zu einer mechanischen Übersetzungsarbeit, bei der in allen Menschen, mit denen der Patient gegenwärtig in Kontakt steht, nur sein Vater, seine Mutter oder eine andere wichtige Bezugsperson aus seiner Kindheit gesehen werden. Ein Beispiel: Ein Mann hat die Neigung, auf seine Arbeitskollegen neidisch zu sein und sie als Bedrohung für seine Sicherheit und seinen Erfolg anzusehen; er fühlt sich deshalb ernsthaft gestört durch das permanente Bedürfnis, seine Rivalen zu bekämpfen. Der Analytiker mag nun geneigt sein zu erklären, dies sei eine Wiederholung seiner Eifersucht auf einen Bruder, in der Hoffnung, daß diese Deutung den Patienten von seinen Rivalitätsgefühlen befreien wird. Doch selbst wenn wir annehmen, daß der Patient sich der Eifersucht erinnern kann, die er seinem Bruder gegenüber einmal gespürt hat, so reicht dieses Erinnern auf keinen Fall aus. Zuerst muß man im einzelnen genau die Eigenart seiner Eifersuchtsgefühle verstehen, und zwar damals als Kind und heute gegenüber seinen Arbeitskollegen. Erst dann wird er sich der vielfältigen unbewußten Aspekte der damaligen oder heutigen Erfahrung gewahr werden und etwa seine Unmännlichkeit, seine Ohnmacht, seine Abhängigkeit von schützenden Figuren, seinen Narzißmus, seine Größenphantasien und was immer auch der Fall sein mag spüren. Erst dann wird auch klar werden, daß sein Rivalisieren nicht als Wiederholung verstanden werden kann, sondern als das Ergebnis eines ganzen *Systems*, bei dem das Rivalisieren nur ein Element ist.

Man sollte nie vergessen, daß die historische Erforschung der frühen Kindheit in der psychoanalytischen Therapie kein Selbstzweck ist, sondern dem Aufdecken dessen, was unbewußt ist, dient. Vieles von dem, was heute unbewußt ist, war auch schon früher unbewußt, vieles ist erst im Laufe der Zeit unbewußt geworden. Die Psychoanalyse ist nicht an der Vergangenheit als solcher interessiert, sondern nur insofern sie gegenwärtig ist. Richtet man sein Hauptaugenmerk auf die Vergangenheit in der Erwartung, daß die Gegenwart ihre Wiederholung ist, dann macht man es sich zu einfach und vergißt die Tatsache, daß vieles von dem, was wie eine Wiederholung aussieht, keine Wiederholung ist, und daß das, was jetzt verdrängt ist, kein einzelner Erfahrungsbereich (wie etwa die Kastrationsangst oder die Mutterbindung) ist, sondern ein ganzes System, ein „geheimer Plan" („*secret plot*"), der das Leben eines Menschen bestimmt.

Selbst wenn sich der genetische Ansatz realisieren ließe und sämtliche verdrängten Kindheitserfahrungen aufgedeckt werden könnten, so wäre ein beträchtlicher Anteil des Unbewußten zwar aufgedeckt, aber beileibe nicht alles, da es zu vielen Verdrängungen erst später kam. Umgekehrt gilt, wenn man über die Kindheitserfahrungen überhaupt nichts wüßte, dann würde man bei einer Art „Röntgenaufnahme" das gesamte Spektrum des Verdrängten entdecken. Eine solche „Röntgenaufnahme" läßt sich mit Hilfe eines funktionalen Ansatzes herstellen, indem man das „gegenwärtige" Unbewußte mit Hilfe von Übertragungsphänomenen, Träumen, Assoziationen, Versprechern und anhand der Art zu sprechen, der Gestik, der Bewegungen, des Gesichtsausdrucks, der Art der Stimme, kurz, mit allen Manifestationen des Verhaltens erforscht. (Es sei eigens betont, daß die Übertragungsphänomene weit mehr zum Ausdruck bringen als nur die ursprünglichen Kindheitserfahrungen im Hinblick auf den Vater, die Mutter usw.)

Beide Ansätze, der genetische wie der funktionale, sind legitim. Gebraucht man jedoch nur den genetischen und versteht unter Übertragung nur die Wiederholung von Kindheitserfahrungen, dann verfehlt man nicht nur einen Großteil des unbewußten Materials, sondern tendiert auch dazu, das entdeckte Material aus der Kindheit nur für die Erklärung zu benützen, *warum* der Patient zu der Persönlichkeit geworden ist, die er jetzt ist. Geschieht dies, dann hat man das grundlegende psychoanalytische Prinzip, nämlich das Unbewußte zu *erleben*, zugunsten einer historischen Erforschung aufgegeben. Mag dies für eine Psycho-Biographie eines Menschen gut (wenn auch nicht gut genug) sein, so hat es doch keinen therapeutischen Wert. Viele Patienten und Analytiker sind zufrieden, wenn die Psychoanalyse zu einer scheinbar zufriedenstellenden *Erklärung* ihrer Neurose in einer rein intellektuellen und nicht in einer erlebnishaften Weise geführt hat. (Ich bin mir natürlich der Tatsache bewußt, daß die meisten Analytiker eigens betonen, daß die Psychoanalyse nicht nur eine cerebrale Erfahrung sein sollte; ich beziehe mich hier nicht auf dieses theoretische Postulat, sondern auf das, was ich bei vielen in der Praxis beobachtet habe.)

Diese knappen Bemerkungen werden erst richtig bedeutsam, wenn wir uns in Erinnerung rufen, was oben über die Bindung an Mutter und Vater gesagt wurde: Das sehnsüchtige Verlangen nach Vater oder Mutterfiguren kann nur teilweise als Wiederholung der früheren Vater- und Mutterbindung verstanden werden. Es wurzelt vielmehr in der gesamten psychischen Struktur eines Menschen, solange dieser nicht wirklich er selbst geworden ist.

Sicher haben die klassischen Analytiker Recht, wenn sie einen oberflächlichen und simplen erzieherischen Ansatz, der sich nur mit den aktuellen Problemen befaßt, kritisieren, aber sie liegen mit ihrer Kritik völlig falsch im Hinblick auf den hier vertretenen funktionalen Ansatz. Es ist absolut nichts Oberflächliches, wenn versucht wird, tief in die verdrängten Aspekte des gegenwärtigen Erlebens einzudringen, während ein rein verstandesmäßiger Zugang zu Material aus der Kindheit sehr oberflächlich sein kann. Unser Wissen über diese Probleme ist noch unzureichend, und meiner Meinung nach wären große Anstrengungen nötig, um zu solideren Einsichten über das, was heilt, zu kommen: das In-Erinnerung-Rufen, das Wieder-Erleben oder die Rekonstruktion der Kindheitserfahrung.

Solche Untersuchungen könnten auch mehr Aufschluß bei einem anderen, naheliegenden Problem bringen, über das wir fast gar nichts wissen: Ich meine die Theorien über den Zusammenhang zwischen frühen und späteren Erfahrungen. Die klassische Theorie sagt, daß die spätere Erfahrung eine Wiederholung der früheren ist, und zwar entweder als Fixierung an oder als Regression auf bestimmte prägenitale Stufen der Libido, wobei ein Kausalzusammenhang zwischen Vergangenheit und Gegenwart angenommen wird. Der Geizhals zum Beispiel stellt eine Regression auf die anale Stufe der Libido-Entwicklung dar.

Wie ich bereits ausgeführt habe, begreife ich demgegenüber die anal-hortende und die oral-sadistische (ausbeuterische) Orientierung, Sadismus und Masochismus, Biophilie und Nekrophilie, Narzißmus und inzestuöse Fixierung als Arten zu leben. In ihnen versucht der Mensch, wenn auch auf verzweifelte Weise, mit der Grundfrage seines Daseins fertig zu werden. Vom Standpunkt einer möglichst harmonischen und vitalen Erfahrung des Lebens aus mag die eine Lösung besser sein als eine andere, sie erfüllen jedoch beide die Aufgabe, ein System der Orientierung und Hingabe zu bieten. In dem oben ausgeführten Sinne können sie auch als „spirituelle“ Orientierungen angesehen werden. Der Mensch wählt sich eine dieser Orientierungen als seine Privatreligion und lebt in Übereinstimmung mit ihr. Die jeweilige Orientierung ist sehr mächtig, und zwar nicht weil sie das Ergebnis einer Regression auf eine prägenitale Stufe der Libido ist, sondern weil sie die Funktion erfüllt, eine Antwort auf das Leben zu sein, und dabei mit der Energie des gesamten Systems ausgestattet ist.

Was ist für die spezifische Orientierung, der ein Mensch folgt, ausschlaggebend? Neben konstitutionellen Faktoren ist es meines Erachtens der Gesellschafts-Charakter der gesellschaftlichen Gruppierung, in der er lebt, und in einem geringeren Ausmaß sind es auch die individuellen Gegebenheiten der Familie, in die er hineingeboren wurde. Wir verstehen deshalb die Charakterentwicklung in erster Linie als eine Antwort des Menschen auf die gesamte Konfiguration der Gesellschaft, deren Teil er ist, wobei diese Konfiguration ursprünglich durch die Familie vermittelt wird.

Man könnte vermuten, daß das Säuglingsalter und die frühe Kindheit auch die Realisierung verschiedener Formen der Orientierungen erlauben, wie sie sich von den Phasen der körperlichen Entwicklung her nahelegen. Die frühen biologischen Phasen sind jedoch nicht notwendig *ursächlich* für die spätere Entwicklung; vielmehr stellen sie nur *das erste Beispiel* einer Charakterbildung dar, die durch zwischenmenschliche Faktoren zustande kommt und die sich je neu von der Kindheit an im ganzen Leben manifestiert, es sei denn, neue und gegenläufige Kräfte werden in Bewegung gesetzt, wie zum Beispiel die Kraft des Gewahrwerdens.

b) Transtherapeutische Aspekte der Psychoanalyse

Ein anderer, zugleich äußerst wichtiger Gesichtspunkt im Hinblick auf die Revision von Theorie und Praxis der psychoanalytischen Therapie kommt hinzu. Die psychoanalytische Therapie begann als Methode, mit der sich neurotische Krankheiten (im traditionellen Wortsinn) heilen ließen. Sie wurde dann weiterentwickelt, um den „neurotischen Charakter" zu behandeln, das heißt, ein Charaktersystem wurde als krank betrachtet, obwohl es nicht die [für eine Neurose] sonst üblichen Symptome zeitigt. Die Psychoanalyse wurde schließlich immer mehr von Menschen gesucht, die unglücklich und mit ihrem Leben unzufrieden waren, die sich ängstlich, leer und freudlos fühlten. Auch wenn sie den Grund für die Notwendigkeit ihrer Behandlung mit der traditionellen Begründung rationalisierten, daß sie von einer chronischen Krankheit geheilt werden wollten, so suchten viele doch einen höheren Grad an Wohl-Sein. Diese Menschen wollten ihre in ihnen liegenden Möglichkeiten ausdrücken, fähig werden, ganz lieben zu können, ihren Narzißmus oder ihre Feindseligkeit überwinden. Und selbst wenn sie zum Analytiker kamen, ohne sich dieser Ziele klar bewußt zu sein, wurde es doch bald offensichtlich, daß dies die wahren Gründe waren, warum sie um psychoanalytische Hilfe nachsuchten.

Was ist das für eine „Therapie", bei der es um mehr Freude und Vitalität, mehr Bewußtsein von sich und von anderen geht, um mehr Liebesfähigkeit, mehr Unabhängigkeit und um mehr Freiheit, selbst zu sein? Es ist in der Tat keine „Therapie" mehr, zumindest nicht mehr im üblichen Sinne, sondern eine Methode, um menschlich zu wachsen, eine „Heilung der Seele", wie die wörtliche Übersetzung von „Psychotherapie" lautet.

Bei dieser Art Psychoanalyse werden persönliche Probleme wie Schlaflosigkeit oder Beziehungsprobleme mit dem Ehepartner oder Schwierigkeiten mit den Kindern nicht als letzte Probleme angesehen, sondern als Indikatoren für ein allgemeines Unzufriedensein mit dem Leben. Es wird also deutlich, daß keines dieser „Probleme" wirklich gelöst werden kann, solange es zu keiner radikalen Änderung der ganzen Persönlichkeit kommt.

Noch etwas anderes wird deutlich: Eine Änderung des geistigen Zustands oder des Erlebens gibt es nur, wenn es zugleich zu einer Änderung in der eigenen Lebenspraxis kommt. Um ein einfaches Beispiel zu geben: Ein Sohn ist stark an seine Mutter gebunden und wird sich dieser Bindung und ihrer Wurzeln bewußt. Doch dieses Bewußtwerden wird völlig wirkungslos bleiben, solange er nicht Praktiken in seinem Leben ändert, die Ausdruck seiner Mutterfixierung sind und diese zugleich verstärken. Das gleiche gilt für einen Mann, dessen Beruf ihn zu andauernder Unterwürfigkeit und/oder Unaufrichtigkeit zwingt. Solange er nicht diesen Beruf aufgeben wird, und sei es um den Preis materieller und anderer Opfer, wird keine noch so große Einsicht etwas ändern. Es ist genau diese Notwendigkeit, bestimmte wichtige, aber schmerzvolle Veränderungen in der eigenen Lebenspraxis zu treffen, die den Erfolg der Therapie so schwierig macht.

Die Psychoanalyse als „Heilung der Seele" macht die Psychoanalyse als Therapie zur Heilung von Krankheiten in keiner Weise überflüssig. Auch wenn eine ganze Reihe von therapeutischen Methoden entwickelt wurden, die für bestimmte Symptome geeigneter sind und/oder schneller eine Heilung bewirken als die Psychoanalyse, so gibt es doch noch immer eine große Anzahl von Krankheiten, leichte wie schwere, für die die Psychoanalyse die einzig geeignete und indizierte Therapieform ist. (Auch wenn bestimmte Formen psychischer Erkrankung nur selten geheilt werden können, so ist dies noch kein Argument gegen den Wert der Psychoanalyse, solange keine andere und bessere Methode bekannt ist.) In vielen dieser Fälle kann von Krankheitssymptomen befreit werden, ohne, wie es für die „Heilung der Seele" unabdingbare Voraussetzung ist, die Tiefe der Persönlichkeit eines Patienten zu erreichen. Um einen psychotischen Menschen oder auch einen „neurotischen Charakter" wirklich zu verstehen und zu verändern, bedarf es jedoch immer einer Therapie, die die tiefsten Schichten der Existenz eines Menschen berührt.

Die spirituelle Erfahrung, die vielen theistischen und nichttheistischen Formen der Einheit und des Einswerdens (*at-one-ment*) zugrundeliegt, hängt eng mit dem Problem der psychischen Gesundheit zusammen. Menschliches Dasein ist eine Absurdität; es wäre unmöglich, die Widersprüchlichkeit des menschlichen Lebens ganz zu erleben und dabei psychisch gesund zu bleiben. „Psychische Gesundheit" ist „Normalität", deren Preis die Narkotisierung des vollen Gewahrwerden des Lebens durch falsches Bewußtsein, routinisierte Geschäftigkeit, Pflicht, Leiden usw. ist. Die meisten Menschen leben mit Hilfe einer erfolgreichen Kompensation ihrer potentiellen psychischen Verrücktheit, so daß sie für alle praktischen Aufgaben, das heißt, zum Zwecke des physischen und gesellschaftlichen Überlebens, gesund sind. Wird allerdings ihre Kompensation auch nur teilweise bedroht, kann die potentielle psychische Verrücktheit manifest werden. Darum stellt jeder Angriff auf derartige kompensatorische Gedanken, Figuren oder Institutionen eine ernsthafte Bedrohung dar und wird auf sie mit heftiger Aggression reagiert.

Um die potentielle psychische Verrücktheit zu überwinden, gibt es nur einen Weg: das volle Gewahrsein seiner selbst. Dies bedeutet, daß man sowohl mit den archaischen, irrationalen Kräften in einem selbst in Berührung ist, wie auch mit den Kräften, mit denen wir sozusagen schwanger gehen und die noch nicht zur Geburt gekommen sind. Wir müssen den Mörder, den Verrückten und den Heiligen in uns selbst und in anderen in Erfahrung bringen. Unter diesen Umständen, wenn wir also nichts verdrängen müssen, ist es möglich, daß unser *Selbst* als integrierendes *Subjekt* authentischen „Seins" zum Vorschein kommt, und zwar als Gegenspieler zum *Ego*, dem *Objekt* des „Habens". – Ich gebrauche hier absichtlich das Wort „Ego" (*Ego*), um den landläufigen Sinn ichbezogenen Verhaltens zu kennzeichnen in Abgrenzung vom „Ich" (*I*) als psychoanalytischem Fachbegriff. In der Existenzweise des Seins gibt es nichts, woran man sich festhält, so daß es auch nichts gibt, worum man Angst haben muß. Es ist das Ich, das dann mit Goethe sagen kann: „Ich hab mein Haus auf nichts gestellt, deshalb gehört mir die ganze Welt." Das Leben kann sich dann einem nicht mehr entziehen, denn „das Leben, das ich zu ergreifen suche, ist das Ich, das es zu ergreifen sucht" (R. D. Laing, 1967a, S. 156).

Unsere Kategorien von „Wirklichkeit" sind nicht nur viele Illusionen; wir brauchen sie, wenn wir überleben und leben wollen, und dies ist die Grundlage für jede Erfahrung, selbst für das Sterben. Wenn der psychisch gesunde Mensch einen kurzen Blick in seine eigenen Abgründe getan hat und die Erfahrung einer außerordentlichen, weil die gewöhnliche Wahrnehmung übersteigenden Wahrnehmung gemacht hat, dann hat er die Schwierigkeit, zur Angst zu neigen und das, was er erlebt hat, wieder zuzudecken, es zu vergessen oder vielleicht nur noch in einer intellektuellen, nicht-erlebnismäßigen Weise zu erinnern.

Es gibt viele Methoden, das Ziel der Erleuchtung zu erreichen. Das Problem bei allen diesen Methoden besteht darin, zu einer neuen Tiefenerfahrung zu kommen, ohne im Labyrinth der eigenen „Unterwelt" verlorenzugehen und unfähig zu werden, die Welt und die anderen noch so zu sehen, wie man sie sehen muß, wenn man leben will. (Ich beziehe mich hier auf das sozio-biologische Bedürfnis des Menschen zu arbeiten, um zu leben, also fähig zu sein, die

„Außenwelt“ in einem Bezugsrahmen zu sehen, der sie „handhabbar“ macht. Dies hat nichts mit dem Problem der *kulturellen* Determinierung unserer Wahrnehmung zu tun, die von Kultur zu Kultur verschieden ist, sondern mit dem in allen Kulturen vorhandenen Bezugsrahmen, in dem „Feuer“ Feuer ist, das zerstören und wärmen kann, und nicht Liebe und Leidenschaft bedeutet, wie in der „Innenwelt“.)

Es gibt noch eine andere Gefahr beim Hinabsteigen in sein eigenes Labyrinth. Auf welche Weise auch die Erfahrung des Hinabstiegs hervorgerufen wird, durch Meditation, Autosuggestion, Drogen usw., sie kann zu einem Zustand des Narzißmus führen, bei dem es niemanden und nichts mehr außerhalb des ausgedehnten Selbst gibt. In diesem Zustand ist ein Mensch frei von Ego, insofern er sein Ego als etwas, an dem er sich festhalten kann, verloren hat. Und doch kann dieser Zustand hochnarzißtisch sein, insofern es in ihm keinerlei Bezogenheit auf andere gibt, weil es jenseits des aufgeblähten Selbst niemanden mehr gibt. Dieser Typus mystischer Erfahrung wurde von Freud und anderen als mystische Erfahrung schlechthin mißverstanden (das „ozeanische Gefühl“) und von Freud als Regression auf den primären Narzißmus gedeutet.

Es gibt noch einen anderen Typus von mystischer Erfahrung, der nicht narzißtisch ist und der in der buddhistischen, christlichen, jüdischen und islamischen Mystik zu finden ist. Der Unterschied ist nicht leicht zu entdecken, da sich die Beschreibungen der Erfahrungen bei beiden Typen sehr ähneln, so daß er nur aus dem, was von der Persönlichkeit des Mystikers und bis zu einem gewissen Grad auch von seiner gesamten Philosophie her bekannt ist, erschlossen werden kann. Dennoch gibt es den Unterschied wirklich, und er ist sehr wichtig, denn narzißtische Ego-losigkeit ist wie jeder Narzißmus ein verkrüppelter Zustand des Seins.

Unter den vielen Antworten auf die Frage, wie man Erleuchtung erreichen kann, ohne psychisch krank zu werden oder in einen Zustand des primären Narzißmus zu geraten, ist wohl die Praxis des Zen-Buddhismus hinsichtlich Systematik und Brillanz die bedeutendste. Seine Sicht der Lösung wird durch folgenden Spruch nahegebracht: „Zuerst sind die Berge Berge und die Flüsse sind Flüsse; dann sind die Berge keine Berge und die Flüsse sind keine Flüsse; schließlich sind Berge Berge und Flüsse Flüsse." Die gleiche Vorstellung hat einmal auf nicht-paradoxe Weise der verstorbene Daisetz T. Suzuki ausgedrückt: „Jemand, der erleuchtet ist, geht auf dem Boden, nur daß er einige Zentimeter über ihm ist." (Persönliche Mitteilung.) Abgesehen davon trägt das Prinzip des Mitleids, das für jedes buddhistische Denken eine zentrale Bedeutung hat, dazu bei, den narzißtischen Typus mystischer Erfahrung zu verhindern.

Was hat Psychoanalyse mit dem Erreichen solcher Erfahrung zu tun? Ich glaube, daß die Psychoanalyse ein Zugang, vielleicht ein für westliches Denken besonders geeigneter Zugang sein kann. Sie erlaubt uns, die Tiefe unserer eigenen „Unterwelt" (Freuds „Acheron") zu erfahren, zuerst unter der Begleitung einer Person, die den Analysanden ermutigen kann, tiefer zu steigen, weil er ihn auf seiner Reise nicht allein lassen wird, später durch kontinuierliche Selbstanalyse. [Vgl. hierzu auch E. Fromm, 1989a, S. 75-113.] Gewahrwerden seiner selbst, Verringerung der Abwehrhaltung, abnehmende Gier und wachsendes Selbsttätigsein können Schritte zur Erleuchtung sein, wenn sie mit anderen Übungen wie Meditation und Konzentration verbunden sind und der Betreffende sich wirklich anstrengt. Augenblickserleuchtungen mit Hilfe von Drogen sind allerdings kein Ersatz für die radikale Veränderung der Persönlichkeit. Wie weit jemand in die Tiefe gehen wird, hängt von verschiedenen Umständen ab. Das Ziel selbst zu erreichen, ist äußerst schwierig, doch gibt es viele Stufen auf dieses

Ziel hin. Tatsächlich sollte das „Ziel" vergessen werden, weil darin ein Vollkommenheitsstreben liegen kann, an das man sich gierig bindet.

Obwohl diese Abhandlung nicht die Psychoanalyse als Mittel zur Förderung der „spirituellen" Entwicklung zum Thema hat, ist mir dieser Punkt bei aller Kürze der Ausführung doch wichtig genug, um in diesem Abriß einer dialektischen Revision erwähnt zu werden. Manchem werden sich diese Überlegungen zu weit von der Methode entfernt haben, mit der Freud hysterische und zwanghafte Patienten behandelt hat. Wenn wir uns aber seines Interesses an einer Bewegung erinnern, die die Menschen zu einem Optimum an Bewußtheit und Vernunft führen sollte, dann mag die Vorstellung von Psychoanalyse als Methode zur „spirituellen" Heilung trotz des Kontrasts zu Freuds rationalistischen Annahmen mit dem tiefsten Anliegen ihres Gründers in Berührung stehen: nicht nur Krankheiten zu heilen, sondern auch einen Weg zum Wohl-Sein (*well-being*) zu finden.

III. Sexualität und sexuelle Perversionen

1. Aspekte der sexuellen Befreiungsbewegung

Eine sehr tiefgreifende und immer schneller um sich greifende Wandlung ist seit den letzten 10 bis 20 Jahren (und in einem umfassenderen Sinne schon seit den zwanziger Jahren dieses Jahrhunderts) im Verständnis der Sexualität und im sexuellen Verhalten zu beobachten. Der Wandel ist derart einschneidend, daß wir geradezu von einer sexuellen Revolution bzw. von einer Bewegung zur sexuellen Befreiung sprechen können. Ein allgemeines Kennzeichen dieser Bewegung ist der Anspruch, daß sexuelle Lust ein Zweck ist, der sich aus sich selbst rechtfertigt und der keiner besonderen Rechtfertigung durch die Absicht – oder die objektive Möglichkeit – der Fortpflanzung als Begleiterscheinung des sexuellen Aktes bedarf. Sexueller Genuß wird als unveräußerliches und uneinschränkbares Recht eines jeden Menschen betrachtet.

Dieser Einstellungswandel weist die herkömmliche christliche Auffassung, und hier speziell jene der katholischen Kirche, zurück, für die die Fortpflanzung der „natürliche" Zweck des sexuellen Aktes ist, so daß jede Sexualität, die diesem Zweck nicht gerecht wird, als „unnatürlich" (weil dem göttlichen Heilsplan widersprechend) und sündig gilt und mit Onans Masturbation verglichen wird. Die Bewegung zur sexuellen Befreiung begann bereits in begrenztem Umfang bei der jüngeren Generation der zwanziger Jahre. In den fünfziger und sechziger Jahren wurde sie dann in Nordamerika und in den meisten europäischen Ländern zu einem Massenphänomen. Die Stärke dieser Bewegung findet einen bezeichnenden Ausdruck in der Tatsache, daß Millionen von Menschen, die beileibe nicht als radikal oder rebellisch angesehen werden können, der Einstellung des Papstes zur Antibaby-Pille weitgehend widersprechen.

Definiert man deshalb die sexuelle Revolution im Sinne der Bejahung des Rechts auf sexuelle Lust oder sexuelles Glück, wird sie zu einem Teilaspekt des allgemeinen Strebens nach Befreiung und größerer Freiheit, das für die politische Entwicklung in den westlichen Ländern typisch ist, und sie könnte als historisch folgerichtige und progressive Entwicklung angesehen werden. Es ergeben sich jedoch eine Reihe von Fragen, die zeigen, daß das Problem nicht so einfach ist. Vor allem ist zu fragen: Kann man innerhalb der westlichen Welt überhaupt von einer solchen Tendenz wachsender persönlicher Freiheit sprechen? Ist eine solche Behauptung nicht hauptsächlich ideologisch und widerspricht ihr nicht die Tatsache der Zunahme von Konformismus und Entfremdung? Sind die unter den Erwachsenen der Mittelschicht und unter den Jüngeren aller Klassen so weitverbreiteten sexuellen Praktiken der Promiskuität, des „Gruppen-Sex" usw. wirklich Zeichen dafür, daß die Mittelschicht ein höheres Maß an Spontaneität und Freiheit erreicht hat?

Es hat den Anschein, daß die gleichen Menschen, die die neue Sexualität praktizieren, auf der anderen Seite sehr gut an die vorherrschenden gesellschaftlichen Muster des Denkens und Fühlens angepaßt sind und überhaupt keine radikale Avantgarde darstellen. Kann die sexuelle Revolution bei diesen gut angepaßten Mitgliedern unserer entfremdeten Gesellschaft wirklich eine Revolution oder eine Befreiung genannt werden, solange deren Lebensstil so sehr konventionell ist? Ist das sexuelle Verhalten der Hippies und der linksgerichteten Studenten Teil des gleichen Phänomens?

Die folgenden Überlegungen versuchen, auf einige dieser Fragen eine Antwort zu geben.

a) Sexualität und Konsumgesellschaft

Eine Analyse der sozialpsychologischen Veränderungen der letzten fünfzig Jahre zeigt das Vorhandensein von zwei völlig verschiedenen Trends. Der bemerkenswertere ist das Wachstum der Konsumhaltung. Im 19. Jahrhundert verlangten die ökonomischen Bedürfnisse der Kapitalanhäufung vom Mitglied der Mittelklasse, daß es einen Charakter entwickelte, dem Sparen und Anhäufen ein inneres Bedürfnis wurden, dessen Erfüllung es befriedigte. Die durch die Erfordernisse der Massenproduktion gekennzeichnete kybernetische Gesellschaft zu Beginn der zweiten industriellen Revolution verlangt einen Menschen, der seine Befriedigung im Ausgeben und Konsumieren findet. Der Mensch wird zu einem geschäftigen, aber innerlich passiven *homo consumens* verwandelt. Aldous Huxley hat das Motto dieses neuen Typus von Mensch in seinem Buch *Schöne neue Welt* (1946) treffend ausgedrückt: „Schiebe nie das Vergnügen, das du heute haben kannst, auf morgen auf."

Es ist wichtig, den modernen Konsum als eine Haltung oder, genauer gesagt, als einen Charakterzug anzusehen. Dabei kommt es nicht darauf an, *was* konsumiert wird: Man kann Essen, Trinken, Fernsehen, Bücher, Zigaretten, Gemälde, Musik oder Sexualität konsumieren. Die Welt in ihrem Reichtum ist zu einem Gegenstand des Konsums umgewandelt. Im Akt des Konsumierens saugt der Mensch gierig am Gegenstand seines Konsums und wird zugleich von diesem aufgesaugt. Die Gegenstände des Konsums verlieren ihre konkrete Qualität, denn sie werden nicht auf Grund von spezifischen und realen menschlichen Fähigkeiten begehrt, sondern auf Grund des einen allmächtigen Verlangens: von der Gier zu haben und zu gebrauchen. Die Konsumhaltung ist die entfremdete Weise, mit der Welt in Kontakt zu sein, weil die Welt zu einem Gegenstand der Gier gemacht wird, statt daß der Mensch an ihr interessiert und auf sie bezogen ist.

Ein Wirtschaftssystem, das die Konsumhaltung als Gesellschafts-Charakterzug braucht, kann kaum an einer viktorianischen Moral festhalten. Man kann keine Konsum-Sucht hervorbringen und gleichzeitig die Menschen zum Horten und zur Verdrängung ihrer immer (tatsächlich oder potentiell) gegenwärtigen sexuellen Wünsche anhalten. Auch für den sexuellen Konsum gilt, was für jede Konsumhaltung charakteristisch ist: Sie ist flach, unpersönlich, ohne Leidenschaftlichkeit, ereignislos, passiv. Im Unterschied zu anderen Formen der Konsumhaltung hat sie den Vorteil, daß sie praktisch kostenlos ist und die Arbeitsfähigkeit des Menschen nicht beeinträchtigt. Sie macht Lust und hilft, die Sorgen und Schmerzen des Alltags zu vergessen. (Der Vorteil, daß sie praktisch kostenlos ist, wäre eigentlich für eine Gesellschaft von Nachteil, in der alles darauf ankommt, daß jeder so viel wie möglich kauft, vorausgesetzt, es würden weniger Waren gekauft, weil man mit dem sexuellen Konsum beschäftigt ist. Doch dies ist nicht so, denn erstens stimuliert der sexuelle Konsum das Bedürfnis nach Konsum überhaupt und hilft deshalb, das notwendige Maß an Gier hervorzubringen; zweitens stimmt es zwar, daß der Sexualverkehr, abgesehen von empfängnisverhütenden Mitteln, keinerlei Geldaufwand verlangt, doch führt er indirekt auf anderen Ebenen zu mehr Konsum: Man braucht mehr Geld für Reisen, Kosmetika, Kleider und all die anderen Waren und Dienstleistungen, die zu einer größeren sexuellen Attraktivität verhelfen sollen.) Eine auf Konsum ausgerichtete Kultur muß unter diesen Umständen auf sexueller Freiheit bestehen, selbst wenn dies wie in unserer Kultur zu einer bemerkenswerten Meisterschaft in doppelzüngigem Gerede und zu einer strikten Isolierung von offizieller Ideologie und sanktionierter Praxis führt.

Es wurde immer wieder behauptet, die sexuelle Revolution sei zu einem großen Teil durch Freuds Werk verursacht worden. Dies hieße aber, Ursache und Wirkung durcheinanderzubringen. Freuds Pathos war vor allem ein viktorianisches;

er zeigte nie Sympathien für sexuelle Praktiken jenseits derer, die die Moral seiner Gesellschaft vorschrieb. Der kühnste Schritt hinsichtlich einer freieren sexuellen Praxis, den Freud tat, war seine Verteidigung der Masturbation. Noch wichtiger aber ist, daß Freud nur auf Grund der Bedürfnisse einer Konsumentenkultur derart populär geworden ist. Die Popularisierung von Freuds Theorien war eine bequeme, halbwissenschaftliche Rationalisierung für den Wandel der Sitten, der in jedem Fall in der Zeit nach 1920 stattgefunden hätte.

b) Sexualität und neuer Lebensstil. Zur Bewegung der Hippies

Sex als Konsumartikel ist eine Erscheinung der zweiten industriellen Revolution. Seine Wirkung ist, wenn überhaupt, dann reaktionär und gerade nicht revolutionär, weder politisch noch persönlich. (Die Gegner der neuen Sexualmoral kamen und kommen aus jenen Schichten des alten Kleinbürgertums und Bürgertums, die nicht wohlhabend genug waren, um an der neuen Konsumkultur teilhaben zu können und sie deshalb ablehnten. Die Tatsache aber, daß die Gegner der sexuellen Revolution politisch reaktionär waren, bedeutet doch nicht, daß diejenigen, die den neuen Sex-Konsum fördern und an ihm teilhaben, revolutionär oder progressiv sind.) So sehr heute die sexuelle Befreiungsbewegung ein Ausdruck der Konsumhaltung ist, so machen die Konsumenten doch nicht das gesamte Spektrum der Bewegung aus. Neben der Mehrheit, die sich durch eine Konsumhaltung auszeichnet, gibt es eine Minderheit, die das genaue Gegenteil repräsentiert. Zu dieser Minderheit gehören vor allem die Hippies und ein Teil des radikalen Flügels der Jugend. Mit ihren Ideen und ihrer eigenen Lebenspraxis sind sie radikale Kritiker der Konsumentenkultur. Sie protestieren gegen die Verdinglichung des Menschen und gegen seine Umwandlung in eine „konsumierende Sache“. Sie wehren sich gegen die Entfremdung, den

Mangel an Freude, die götzendienerische Unterwerfung unter Dinge, Verhaltensmuster, Slogans, künstliche Persönlichkeiten; sie haben ein feines Gespür für den ganzen Schwindel und die Doppelzüngigkeit, die in unserer Kultur herrschen, und reagieren überempfindlich darauf. Die meisten von ihnen hungern nach Leben, wollen *sein* statt *haben* und *gebrauchen*. Soweit sie politisch engagiert sind, streben sie nach einer Kultur, in der das Leben über das Tote herrscht und der Mensch über die Dinge.

Weil sie in diesem Zusammenhang nicht relevant ist, verzichte ich auf eine ausführliche Kritik dieser Bewegung und will nur folgende Punkte kritisch anmerken: daß die Hippies keine Vorschläge für einen Lebensstil der über Dreißigjährigen entwickeln; daß sie von Drogen abhängig sind; daß sie mit eben jener Tradition brechen, deren Abkömmlinge sie sind; daß sie unfähig sind, eine Synthese zwischen neomatriarchaler, anarchistischer Erfahrung von Gleichberechtigung und Un-Ordnung einerseits und einem neo-patriarchalen Akzeptieren von rationaler Autorität, Struktur und einem Minimum an Organisation andererseits zu finden oder anzustreben; ferner, daß sie selbst der Passivität erliegen, die viele von ihnen zu Konsumenten werden läßt, wenn auch auf einem niedrigeren Niveau der materiellen Bedürfnisse, und daß es nekrophil-destruktive Züge gibt, die für einige von ihnen, wenn auch nur für wenige, motivierend sind. Trotz all dieser kritischen Punkte gilt doch, daß für viele von ihnen sexuelle Lust Freude bedeutet und einen ganz wichtigen Teil ihres Hungers nach Bejahung des Lebens darstellt. Sexualität ist für sie ein Ausdruck von Liebe zum Leben, wenn auch vielleicht nicht in Begriffen individueller Liebe, wie sie für das Eheleben als gegeben vorausgesetzt wird. Die Sexualität ist ein Aspekt des Seins, nicht des Besitzens. Indem die Hippies das überkommene Stigma der Sexualität überwinden, fehlt ihr auch das Lüsterne, das der Sex für jene hat, die ihn in der Welt des Konformismus auf entfremdete Weise praktizieren.

Um die Bewegung der Hippies (und ich verstehe darunter alle, die sich einem ähnlichen Lebensstil und einer ähnlichen Philosophie verschreiben, einschließlich jenen, die zugleich eine radikale politische Philosophie vertreten) zu verstehen, muß man sie als ursprüngliche religiöse Massenbewegung begreifen, vielleicht sogar als die einzig bedeutende in unserer Zeit. Sie ist natürlich nicht-theistisch, doch gründet sie sich auf dem Glauben an die Liebe, das Leben, die Gleichberechtigung und den Frieden. Sie steht in völligem Widerspruch zur herrschenden zweckgebundenen Religion, die die Maschine verehrt. Sie gründet sich auf eine gemeinsame Begeisterung und auf bestimmte Rituale. Kleidung und Haartracht ihrer Anhänger sind nicht nur ein Protest gegen alles, was dem Bürgertum verehrungswürdig ist; sie sind ein gemeinsames Ritual, durch das sich die Mitglieder der neuen Religion selbst identifizieren. Das gleiche gilt meines Erachtens auch zum Teil im Hinblick auf ihren Drogenkonsum: Einerseits reicht er aus, um augenblickshaft eine „spirituelle" Erfahrung zu machen. Eben darin ist er ein Produkt der Konsumentenkultur. Andererseits ist der Drogenkonsum auch ein gemeinsames Ritual, das den Mitgliedern der neuen Religion die Erfahrung von Einheit und Solidarität erlaubt.

Das Zusammenkommen von 300 000 bis 400 000 Begeisterten im Staat New York und von 200 000 auf der Isle of Wight im Sommer 1969 war eine eindrucksvolle Demonstration, wie stark diese Bewegung ist, und zwar nicht nur hinsichtlich der Zahl der Menschen, die zusammenkamen, um den beliebtesten Künstlern zuzuhören, sondern auch durch die Ordnung, das Fehlen von Aggressivität, die allgemeine Hilfsbereitschaft und die gute Stimmung unter widrigsten Umständen. Dieser neue Geist war so sichtbar, daß selbst die konservativen Ortsbewohner beeindruckt waren, ihnen halfen und mit ihnen sympathisierten. Die religiöse Qualität der Bewegung läßt sich in einem Vergleich ausdrücken: Das Happening war kein massenhafter Konzertbesuch, sondern eine Wallfahrt mit den dabei üblichen Eigentümlichkeiten von gemeinsamer Absicht, gemeinsamem Interesse und gemeinsamer Erfahrung. Und doch glaube ich, daß angesichts der eigenen Grenzen und der Macht des vorhandenen Götzendienstes ihr Überleben höchst zweifelhaft ist.

c) Sexualität in der Psychoanalyse. Die Bedeutung Wilhelm Reichs

Nach der Unterscheidung zwischen der sexuellen Revolution als Aspekt der Konsumentenkultur einerseits und als Aspekt einer Revolution zugunsten des Lebens andererseits möchte ich nochmals die Frage ihrer Beziehung zur Psychoanalyse aufgreifen. Auch wenn, was ich bereits andeutete, wahr ist, daß Freud nicht mit einer losen Sexualmoral sympathisierte und vermutlich durch das, was die Menschen in den Vorstädten und was die Hippies praktizieren, geschockt würde, so hat er doch eine Türe geöffnet. Seine Behauptung war ja, daß alle intensiven leidenschaftlichen Strebungen des Menschen, abgesehen von jenen der Selbsterhaltung, sexueller Natur seien und daß der Mensch als leidenschaftliches Wesen in Wirklichkeit ein sexuelles Wesen ist. Freilich gäbe es keine Zivilisation, wenn die Sexualität nicht gezügelt und verdrängt würde, doch der Stoff, aus dem die menschlichen Strebungen – abgesehen von jenen, die dem Überleben dienen – gemacht sind, ist die Libido. Wie Wilhelm Reich vorwurfsvoll bemerkte, öffnete Freud die Türe nicht weiter. Er dachte auch nicht an die Möglichkeit einer radikalen sexuellen Revolution, die sich später ereignen könnte. Der einzige Psychoanalytiker, der wirklich die Türe zur sexuellen Revolution öffnete, war Wilhelm Reich.

Reichs wichtigster Beitrag zur Frage der Sexualität bestand meines Erachtens darin, daß er sich mit Freuds Auffassung der genitalen Potenz nicht zufriedengab. Freud fragte nicht nach der *Qualität* der sexuellen Erfahrung. Vermochte ein

Mann den Sexualakt erfolgreich auszuführen, wurde er als genital potent betrachtet; erfolgreich bedeutete, daß er eine Erektion bekommen und den Sexualakt lange genug fortsetzen konnte, um auch seiner Partnerin die Chance zum Orgasmus zu geben. Gemäß diesem Kriterium sind die meisten Männer genital potent, und jene, die absolut oder relativ impotent sind, können als krank betrachtet werden. Die Einschätzung des Sexualaktes erfolgte ganz aus dem biologischen Blickwinkel, nämlich der Reproduktion des Menschen zu dienen, mit dem Spielraum des Genusses für die Frau.

Reich befaßte sich mit dem ganzen Körper, mit seinem Entspannt- und Freisein und mit seinem Verkrampftsein, und ging damit einen entscheidenden Schritt über Freud hinaus. Ihm ging es um die Qualität des orgastischen Erlebens, nicht nur um seine Ausführung. Die Geschlechtsorgane wurden von ihm nicht wie Hilfsmittel betrachtet, die ursprünglich dazu da sind, Kinder hervorzubringen, sondern als Teile des Körpers, die zusammen mit dem ganzen Körper fähig sind, ekstatische Freude und Freiheit zu erleben. Seine Auffassung der genitalen Potenz sprengte die Grenze des Unlust-Lust-Prinzips. Für ihn ist die genitale Potenz die Reaktion eines Menschen, der nicht verdrängt und abwehrt, die Reaktion eines das Leben ganz bejahenden und sich des Lebens erfreuenden freien menschlichen Wesens.

Der von Reich entwickelte Begriff der sexuellen Freiheit kommt vermutlich der theoretischen Auffassung von Erfahrung beim revolutionären Flügel der sexuellen Befreiungsbewegung am nächsten. So ist es nur folgerichtig, daß Reich bei deren Mitgliedern sehr populär ist. Hätte Reich sich nicht in seine zumindest meines Erachtens ziemlich phantastischen Theorien zum „Orgon“ usw. verloren (im Zusammenhang mit denen er schließlich zum Märtyrer für seine eigenen Lehren wurde), und wäre er seiner Gedankenlinie, die die Sexualität im Zusammenhang mit der gesamten Persönlichkeit sieht, treu geblieben, dann hätte er ein noch viel einflußreicherer Lehrer für die sexuellen Revolutionäre werden können. Abgesehen davon irrte Reich auch in seinem naiven Glauben, daß sich aus der Einstellung einer sexuell befreiten Jugend unmittelbare politische Konsequenzen ergäben. Er nahm fälschlicherweise an, daß der strengeren Sexualmoral eines Reaktionärs eine gegenteilige Einstellung beim Revolutionär entsprechen müsse. Insbesondere sah er nicht voraus, daß die Nazis zumindest faktisch nicht nach den konservativen Standards der Sexualmoral lebten.

Unabhängig von dieser Kritik aber gilt: Die Verknüpfung von Sexualität und gesamter Persönlichkeit hat von ihrer Bedeutung nichts verloren. Es besteht ein dringendes Bedürfnis, die Erforschung des Zusammenhangs von sexuellem Glück und ganzheitlichem Glücklichsein, von physischer Entspannung und Aufhebung der Verdrängung, von Sexualität und Charakter, von innerer Aktivität und Gier, von Sein und Haben weiter voranzubringen.

2. Die sexuellen Perversionen und ihre Wertung

a) Der Wandel in der Wertung der sexuellen Perversionen

Bisher habe ich mich immer nur mit *einem* Aspekt der sexuellen Befreiung befaßt, der sich aus der christlichen Kritik am „normalen" Geschlechtsverkehr ergibt, insofern dieser nicht dem Zweck der Fortpflanzung dient. Die gleiche scharfe Ablehnung gibt es auch hinsichtlich jener Formen sexueller Aktivität, die auf Grund ihrer Eigentümlichkeit gar nicht der Fortpflanzung dienen können: Ich meine die Perversionen. Tatsächlich wird die Perversion definiert als eine sexuelle Aktivität, die den „normalen" Geschlechtsverkehr ausschließt. Solche Perversionen sind hauptsächlich der Sadismus und der Masochismus, die anale Sexualität und hier besonders die Koprophilie, der Exhibitionismus, der Voyeurismus, der Transvestismus und oral-genitale Praktiken. Selbst die Masturbation wurde einst als Perversion angesehen. Schließlich gelten alle Formen der Homosexualität als pervers. Bei all diesen Sexualpraktiken sprach man gewöhnlich dann von „Perversionen", wenn sie an die Stelle des „normalen" Geschlechtsakts traten bzw. wenn, wie im Falle der Homosexualität, dieser gar nicht möglich war. Die Bezeichnung „Perversion" wurde oft nicht gebraucht, wenn die Praktiken schließlich zum Geschlechtsverkehr führten.

In den letzten Jahren wurde es allgemein üblich, weder bei der Homosexualität noch beim oral-genitalen Kontakt weiterhin von Perversionen zu sprechen. Auch Voyeurismus und Exhibitionismus, die beim „Gruppen-Sex" eine Rolle spielen, werden von vielen nicht mehr als Perversionen angesehen. Die überkommene Definition von Perversion, die sich an der Frage der Fortpflanzung orientiert, war ganz offensichtlich nicht für Unterscheidungen zwischen verschiedenen Arten von Perversionen geeignet. Sie baute vielmehr auf einer ideologischen und theologischen Auffassung dessen, was „natürlich" und „widernatürlich" ist, auf, und nicht auf der Eigenart der verschiedenen Wünsche und Praktiken. Als diese theologische und moralische Ideologie an Kraft verlor und schließlich verschwand, änderten sich die Reaktionen der Menschen auf die Perversionen. Dies zeigt sich ganz deutlich bei der Homosexualität und bei den oral-genitalen Praktiken, die von einem Großteil der Bevölkerung als völlig „normal" angesehen werden. Im Gegenteil, nicht wenige Psychiater und Psychoanalytiker werden es als etwas Neurotisches ansehen, wenn sich jemand vor diesen Sexualpraktiken ekelt oder sie widerwärtig findet. Andererseits wird fast jeder, um ein extremes Beispiel zu wählen, die Nekrophilie (den Wunsch des Mannes, mit der Leiche einer Frau sexuell zu verkehren) oder die Koprophilie (in der Erscheinungsweise, daß jemand die Exkremente in den Mund nehmen möchte) als eklig und irgendwie „krank“ empfinden. Aber was ist mit den Perversionen, die zwischen diesen Extremen liegen, vor allem mit denen, die am meisten verbreitet sind, mit Sadismus und Masochismus? Sind sie auch pathologisch wie die Koprophilie, wenn auch vielleicht nicht so sehr? Oder sind sie noch innerhalb des Spektrums von „gesunden“ Wünschen zu sehen, die nur deshalb als „widernatürlich und falsch“ angesehen werden, weil sie von der traditionellen Moral dazu gemacht wurden?

Die aufgeworfenen Fragen sind nicht einfach zu beantworten. Gewiß beweist es gar nichts, wenn sich viele oder auch die meisten Menschen ekeln. Eine Reaktion des Ekels kann sehr wohl erklärt werden, und zwar auf zwei Weisen: Zum einen reagiert ein Mensch mit Ekel dann, wenn er die entsprechende Tendenz in sich selbst verdrängen muß; dies trifft zum Beispiel bis zu einem gewissen Grad beim Ekel vor Exkrementen zu (aber auch hier nicht notwendigerweise, denn sonst müßten sich die Menschen vor dem eigenen Kot ebenso ekeln wie vor dem anderer, was ja im allgemeinen nicht so ist). Zum anderen kann der Ekel durch die suggestive Macht der Eltern hervorgebracht werden, die dem Kind Ekelgefühle gegenüber seinen Exkrementen einflößen.

Ein schlagkräftiges Argument zugunsten jeder Art von Perversion ist das folgende: Wenn ein Mann den Wunsch hat, eine Frau zu schlagen, zu verletzen, zu demütigen und im Vollzug dessen ein Maximum an sexueller Erregung und Befriedigung findet, wer maßt sich an zu behaupten, daß sein Verlangen falsch sein soll? Ist nicht jeder Wunsch, einfach auf Grund der Tatsache, daß es ihn gibt, es wert, befriedigt zu werden? Und gilt dies nicht insbesondere im Falle der sadistischen Befriedigung, nach der zwar nicht die Mehrheit, aber doch eine beträchtliche Zahl von Menschen sucht? Könnte es nicht sein, daß diese Minorität zu einer

Majorität wird, wenn die Behinderungen und in ihrer Folge die Verdrängung dieses Wunsches aufgehoben werden?

Beim Sadismus freilich gibt es noch eine Schwierigkeit: Würde man darauf bestehen, daß ein Wunsch nur erfüllt werden darf, wenn dadurch einem anderen kein Schaden zugefügt wird, dann müßte der Sadist sich eine masochistische Frau (oder umgekehrt) suchen, die an der jeweiligen Handlung Freude hätte (oder er müßte seine Partnerin mit Geld entschädigen, wie dies mit Prostituierten getan wird). Aber auch diese Schwierigkeit könnte gelöst werden. Wenn es auch keine Statistiken darüber gibt, so kann doch angenommen werden, daß es Masochismus und Sadismus ausreichend häufig gibt, so daß niemand zu etwas gezwungen werden müßte, was er nicht möchte, und vermutlich müßte niemand für das eine oder andere bezahlt werden.

Wir sind hier offensichtlich mitten in der allgemeinen Erörterung des Prinzips, daß das, was ein Mensch braucht, sich wünscht und wonach er verlangt, auch erfüllt werden soll, daß alle Bedürfnisse den gleichen Rang haben und daß Freiheit darin besteht, daß der Mensch das Recht hat, seine Bedürfnisse zu befriedigen und er dies so tun kann, wie es ihm gefällt, solange er niemand anderem schadet oder ihm sein Recht streitig macht. Bei der Betrachtung dieser Ansicht geraten wir in eine eigenartig paradoxe Situation, denn diese Ansicht vertraten viele privilegierten Schichten, auch wenn sie es nicht in ihren Ideologien für sich beanspruchten, sondern einfach taten. Ich denke zum Beispiel an die französische Oberschicht im 18. oder an die britische im 19. Jahrhundert. Philosophisch formulierte diese Ansicht zum Beispiel Jeremy Bentham im 19. Jahrhundert; zum Dogma erhoben wurde sie mit dem Aufkommen des Massenkonsums in der Mitte des 20. Jahrhunderts.

Die Theorie, daß die Erfüllung aller Wünsche erlaubt, ja sogar erwünscht sei, wurde zunächst auf alles, nur nicht auf die Sexualität angewandt. Die gesellschaftlichen Oberschichten allerdings haben die implizite Botschaft sehr wohl verstanden. Daß sie in der Mitte des 20. Jahrhunderts auch auf die Sexualität und die Perversionen Anwendung fand, ist nichts Rätselhaftes, im Gegenteil, eine solche Entwicklung war das folgerichtige Ergebnis der sozio-ökonomischen Entwicklung von einer hortenden zu einer konsumorientierten Gesellschaft. Das einzig Verwirrende dabei ist nur, daß das gleiche Prinzip, auf die Sexualität und die Perversionen angewandt, als ein revolutionäres Prinzip gepriesen wurde, das in völligem Widerspruch zum bürgerlichen Leben stehe. Diese Behauptung stellten mehr oder weniger ausdrücklich verschiedene Vertreter des Radikalismus auf.

Ein erster Vertreter ist Marquis de Sade, ein Mann, der zu den radikalsten Denkern der Französischen Revolution zählt, der die Familie, das Eigentum und die Religion als die Hauptübel der Gesellschaft denunzierte und der seinen sado-masochistischen Phantasien in seinen Novellen Raum gab. Die Frage lautet: Gab de Sade diesen Phantasien freien Lauf, weil er ein Avantgarde-Revolutionär war, oder waren sie für de Sade, ein Mitglied der Oberschicht, typisch, und war seine revolutionäre Einstellung eine Reaktion gegen sein sado-masochistisches anderes Selbst? Vieles spricht für letzteres, denn in seinem Handeln zeigte er sich als sehr freundlicher Mensch, der sein Leben wegen seiner Verurteilung der Todesstrafe aufs Spiel setzte (vgl. G. Gorer, 1934). Die „pornographische“ Literatur setzte sich fort über den Surrealismus bis zur gegenwärtigen Avantgarde radikaler Schriftsteller wie Genet oder den Autor der *Histoire d'O* (P. Réage, 1972).

Zur Gruppe radikaler Schriftsteller gehört auch Herbert Marcuse, der einen bemerkenswerten intellektuellen Trapezakt fertigbringt und den Leser selbst suchen läßt, welches seine eigene Position in dieser Frage ist. [Zu Marcuse und meiner Kritik an ihm siehe unten Kapitel IV.: „Der angebliche Radikalismus von Herbert Marcuse".]

b) Die psychoanalytische Wertung der Perversionen

[Marcuse und andere] gehen davon aus, daß die Perversionen körperlich mit bestimmten erogenen Zonen oder Partialtrieben des Sexualtriebs verbunden sind, die sich qualitativ nicht von anderen libidinösen Wünschen unterscheiden; sie haben keinen besonderen Inhalt, der für die gesamte Person – charakterologisch oder hinsichtlich ihrer existentiellen Ziele – bedeutsam wäre, und deshalb sollten sie völlig frei und unbestritten ausgelebt werden. Bei dieser Betrachtungsweise ist der Sado-Masochismus völlig von der Persönlichkeit als ganzer abgetrennt und nur eine wertneutrale Frage des Geschmacks. Vertritt man diese Position, dann stellt tatsächlich jede Infragestellung dieser Perversionen nichts anderes dar als eine Manifestation der lustfeindlichen Einstellung der bürgerlichen Gesellschaft.

Meines Erachtens stimmt diese Antwort nicht, weil die Perversionen sehr wohl in Beziehung stehen zum Charakter eines Menschen und zu der „spirituellen" Antwort, die jemand auf sein Leben gibt.

Ich möchte mit dem einfacheren Problem beginnen, mit dem Zusammenhang von Perversion und Charakter, und diesen am Beispiel von Sadismus und Masochismus aufzeigen. Alle Erfahrung zeigt, daß Menschen, für die sadistische Praktiken sexuell sehr erregend sind, auch einen „sadistischen Charakter" haben, so daß sie auch jenseits der Ebene ihrer sexuellen Aktivität in ihren Beziehungen zu anderen Menschen Eigenschaften des Sadismus zeigen (vgl. hierzu meine detaillierte klinische Beschreibung des sado-masochistischen (autoritären) Charakters in E. Fromm, 1936a und 1941a). Der Sadist hat den Wunsch, andere absolut zu beherrschen und ihnen weh zu tun. Daneben gibt es auch eine „wohlwollende“ Variante von Sadismus, bei dem das Beherrschenwollen nicht die Funktion hat, den anderen zu verletzen, sondern den anderen als jenen sadistischen Besitz festzuhalten, dem der Sadist „hilft“ und den er „fördert“. Sadismus ist das Gegenteil von Liebe und Achtung. Er beraubt den anderen seiner Freiheit, aber auch umgekehrt gilt, daß der Sadist unfrei ist und unfähig, unabhängig zu sein. Der charakterologische Sadismus kann bewußt sein, im allgemeinen ist er aber unbewußt und wird als gerechtfertigte Rache, als Pflichterfüllung oder als nationalistischer oder revolutionärer Haß im Kampf für eine gerechte Sache rationalisiert. In Fällen offener sadistischer Perversionen mag es auch zutreffen (obwohl es meines Wissens keine gründlichen Untersuchungen hierzu gibt), daß die Stärke des charakterologischen Sadismus wegen seiner direkten sexuellen Befriedigung etwas reduziert ist. Gerade die psychoanalytische Beobachtung, das heißt, eine Beobachtung, die sich auf den unbewußten Teil des Charakters bezieht, macht es sehr deutlich, daß die sadistische Perversion in einer sadistischen Charakterstruktur wurzelt. Ohne es in Begriffen von Ursache und Wirkung auszudrücken, kann ich auch sagen, daß der sexuelle sadistische Wunsch und der charakterologische Sadismus zwei Aspekte des gleichen Systems sind.

Für den echten Masochismus, also den Wunsch, völlig beherrscht zu werden und „Ton“ in des Partners Hand zu sein, gilt das gleiche. Der anale Aspekt des Sadismus, von dem die Koprophilie eine Manifestation ist, ist auch klinisch gut erforscht. Nach den unbestreitbaren klinischen Befunden, die Freud und andere machten, zeigt der anale Charakter Züge von Geiz, übermäßiger Reinlichkeit, Ordnungsliebe, Pünktlichkeit und von Hartnäckigkeit. Ob man im Sinne der klassischen Deutung annimmt, daß diese Charakterzüge Sublimierungen analer Impulse bzw. Reaktionsbildungen gegen sie sind, oder ob man der von mir in *Psychoanalyse und Ethik* (E. Fromm, 1947a) formulierten Theorie folgt, daß sie

Ausdruck einer negativen, selbstisolierenden, possessiven Bezogenheit auf Menschen und Dinge sind, bei der der anale Bereich einer der wichtigsten Symbole und Manifestationen für diese Orientierung ist, diese Frage hat hier erst sekundär Bedeutung. In jedem Fall zeigt der anale Charakter diese Eigentümlichkeiten und wird der Koprophilie einige der analen Züge ausweisen; vor allem aber ist der anale Charakter in seiner Fähigkeit zu lieben eingeschränkt.

Die Erörterung des Zusammenhangs von Sexualität und Charakter führt zu einer weiteren Frage: Sind der sadistische und der anale Charakter nur Varianten der Persönlichkeit und als solche hinsichtlich ihres Werts und ihrer Erwünschtheit indifferent, oder muß man anal-sadistische Charakterzüge, selbst wenn sie genau zu einem bestimmten Typus von Gesellschaft passen, vom Standpunkt des Ideals einer ganz entwickelten, liebenden, unabhängigen, fürsorgenden Persönlichkeit aus als pathologisch ansehen? Teilt man mit der humanistischen Tradition, von Buddha und den Propheten bis hin zu Spinoza, den Glauben an diese Werte, dann ist die Antwort klar.

Die nicht einfache Frage schließt sich an, ob es in Freuds System einen solchen Wertmaßstab gibt. Freud, der in Begriffen der Naturwissenschaft dachte, neigte dazu, alle ausdrücklichen Werturteile zu vermeiden. Doch kommen sie in seinem Entwicklungsschema zur Hintertüre wieder herein: Die normale – und wünschenswerte – Entwicklung ist die volle Entwicklung der Libido vom primären Narzißmus zur Objektlibido, die zu Unabhängigkeit und Liebe befähigt. Die Regression auf oder die Fixierung an prägenitale Stufen ist zwar verständlich und also kein Grund sich zu entrüsten. Doch ist sie nach Freud eine Fehlentwicklung und deshalb nicht wünschenswert und pathologisch. Freuds Werturteile zeigen sich in seinen entwicklungspsychologischen Vorstellungen und in bezug auf die Psychopathologie. Die Regression auf die früheste Stufe der Libido-Entwicklung besagt

Regression auf eine Stufe, die am kränksten, und das heißt, die am „schlechtesten“ ist. Wer die genitale Überlegenheit erreicht, ist gesund und also auch „gut“.

Im klinischen Bereich ist der Nachweis des Werturteils im Denken Freuds noch einfacher: Entsprechend der Freudschen Theorie läßt sich ein bestimmter Typus von schwerer Zwangsneurose als anal-sadistische Regression bestimmen. Die Psychoanalyse wird weitgehend damit beschäftigt sein, dem Kranken dabei zu helfen, von der anal-sadistischen Stufe auf ein genitales Niveau zu kommen. Ein anderes Beispiel: Die anal-sadistische Regression kann sich auch in anderen Symptomen wie in einer Arbeitsstörung oder in sexueller Impotenz oder auch in rein charakterologischen Symptomen wie in Unbeweglichkeit oder im Fehlen von Spontaneität äußern. Immer wird der Analytiker die anal-sadistische Regression als ein pathologisches Phänomen ansehen, und zwar unabhängig davon, ob sich die Regression in sexuellen Perversionen, in einem Symptom oder im Charakter des Betreffenden niederschlägt. Ist das Ausmaß der anal-sadistischen Regression geringer, dann zeitigt sie natürlich auch keine solchen Symptome und wird sie auch nicht als pathologisch angesehen; doch dies geschieht nur, weil das Ausmaß der Regression geringer ist und nicht, weil sie grundsätzlich als gesund oder wünschenswert angesehen würde.

Allein die Tatsache, daß Marcuses neuer Wert der Reaktivierung der infantilen Entwicklungsstadien Freuds implizitem Wertsystem genau entgegengesetzt ist, besagt noch nicht, daß er unrecht hat. Die Tatsache dieses Widerspruchs sei hier aber erwähnt, weil sie zu einer ganzen Reihe von Behauptungen Marcuses gehört, die in scharfem Widerspruch zu Freud stehen, während Marcuse sich insgesamt sehr bemüht, den Eindruck zu erwecken, als seien seine Spekulationen Weiterentwicklungen von Freud und auf dem Boden des Freudschen Systems gewachsen.

c) Das perverse Erleben beim Sadismus und beim analen Charakter

Wichtiger als der Vergleich zwischen Marcuses Spekulationen und Freuds Theorien ist die Frage der *Art des Erlebens*, die für die sado-masochistische Perversion [und den analen Charakter] kennzeichnend ist. Gehen wir vom „Idealfall" eines sadistischen Mannes und einer masochistischen Frau aus: Auch wenn sich bei ihnen Sadismus bzw. Masochismus jeweils entsprechen, so daß es zum wechselseitigen Wunsch nacheinander und zur gegenseitigen Zustimmung und Befriedigung kommt, so ist ihre sexuelle Wechselbeziehung im affektiven Sinne doch durch Unbezogenheit gekennzeichnet. Beide Partner gebrauchen sich wechselweise zur Befriedigung ihres besonderen sexuellen Verlangens, sie tauschen Lust gegen Lust aus und spüren dabei vielleicht sogar eine bestimmte gegenseitige Dankbarkeit dafür, daß jeder den anderen befriedigen konnte. Beim Akt des Schlagens (oder Geschlagenwerdens) selbst aber bleibt jeder ganz für sich allein und der andere ein pures Objekt. Dies ist vermutlich einer der Gründe, warum viele Männer sich erst richtig zufrieden fühlen, wenn sie für die Dienste einer Frau zahlen: Sie brauchen dann nämlich keinerlei liebevolle Nähe vorzutäuschen. In Wirklichkeit wünschen sie keinerlei Zuneigung und Intimität, denn diese schließt das Wesen des sado-masochistischen Wunsches als unerwünscht gerade aus. Das Objekt wird für den Sadisten zu einem Ding, von dem er in seiner narzißtischen Selbstverstrickung völlig getrennt bleibt. Die Beziehung ist in Wirklichkeit un-menschlich, wenn wir damit meinen, daß ein anderes lebendiges Wesen in ein Ding verwandelt wird.

Es gibt schon einen Unterschied zwischen dem Sadismus des SS-Mannes und der „freien libidinösen Beziehung" (H. Marcuse, 1966, S. 200), aber dieser ist nur relativ. Vom subjektiven Erleben her ist das Gefühl, das der Sturmschärler gegenüber seinem Objekt hat, qualitativ das gleiche wie das des frei gewählten [sado-masochistischen] Partners. Beide verwandeln ein lebendiges Wesen in ein Ding.

Man mag einwenden, daß es auch beim „normalen" Sexualakt vorkommt, daß sich die Partner wechselweise als bloße Mittel zum Zwecke der eigenen Lust gebrauchen. Dies ist natürlich richtig, doch gibt es einen entscheidenden Unterschied. Die genitale Sexualität ist zwar nicht identisch mit einer liebenden, herzlichen Haltung zweier Menschen zueinander, doch ermöglicht sie sie zumindest oder kann sie fördern. Die sadistische Perversion schließt von ihrem Wesen her Liebe, Intimität und Achtung aus. Manchmal kommt es vor, daß der Sadist nach dem Sexualakt Gefühle der Zuneigung spürt. Dies freilich läßt sich genauso mit Dankbarkeit für die ermöglichte Lust erklären oder aber auch durch die Tatsache, daß sein eigenes anderes Selbst das sadistische Selbst nicht ausstehen kann, so daß er sich beweisen muß, daß er trotz allem menschlich ist. Im allgemeinen ist die einem sadistischen Akt folgende Zuneigung nichts anderes als Sentimentalität (das heißt, sie ist eine entfremdete Form von echter Zuneigung, die der Idealvorstellung von dem, was man fühlen sollte oder möchte, entspringt). Hierzu paßt auch, daß die auf einen sadistischen Akt folgende Zuneigung bei den brutalsten Sturmschärler-Typen gar nicht so selten zu finden ist, vor allem, wenn sie mit ihren Opfern alleine sind.

Sowohl der sadistische Sexualakt als auch der diesem zugrundeliegende Charakter sind das Gegenteil von Liebe und Achtung. Eine Art „gereinigter" Sadismus, wie ihn Marcuse sich vorstellt, ist eine denaturierte Kopfgeburt einer psychoanalytischen „Philosophie", die es in Wirklichkeit nicht gibt. Das Phänomen des Sadismus wird auch nicht durch Marcuses Äußerung erhellt, daß „unter dem Ausdruck ‚Perversionen'... sexuelle Phänomene zusammengefaßt werden, die ihrem Wesen nach verschiedenen Ursprungs sind", jene triebhaften Manifestationen, „die unvereinbar mit der Unterdrückung, mit der repressiven Kultur, besonders mit dem Supremat der genitalen Monogamie sind" (H. Marcuse, 1966, S. 200).

Was über das perverse Erleben des Sadismus gesagt wurde, kann und muß auch hinsichtlich anderer prägenitaler Reaktivierungen und Perversionen gesagt werden. Nehmen wir als Beispiel [...] Wünsche und Interessen, die in der analen Libido gründen. Ist die anale Libido nur eine andere Art von Erregung, ohne Bezug zur gesamten Persönlichkeit und ihrem Charakter? Sicherlich ist sie dies nach Freud, nach Psychoanalytikern jedoch, die nicht mit der Libidotheorie übereinstimmen, ist sie es nicht. Es war ja gerade eine der fruchtbarsten Entdeckungen der Psychoanalyse, daß gezeigt werden konnte, wie der Kot in bewußten Gefühlen von Schmutz, in Geld und Besitz repräsentiert ist. Der *anale Charakter* fühlt sich von diesen Äquivalenten der Exkremente zutiefst angezogen, ja, er läßt sich durch dieses Angezogensein definieren.

Im einfachsten Fall liebt der anale Charakter Besitz, Geld, Eigentum und Schmutz. Er neigt tatsächlich dazu, besitzgierig und dreckig zu sein (wobei letzteres nicht unbedingt im physischen, sondern im psychologischen Sinn zu verstehen ist). Schwieriger ist der Fall dort, wo kulturelle Muster oder persönliche Werte mit der Gier nach Geld usw. unvereinbar sind. Hier muß die Gier entweder verleugnet und eine falsche Fassade gegenteiliger Verhaltensmuster aufgebaut werden, oder sie wird nur in Bereichen gezeigt, in denen der Widerspruch zu den eigenen Wertbekenntnissen nicht so leicht sichtbar ist (etwa, wenn jemand seinen Geiz nur dadurch zu erkennen gibt, daß er mit Gefühlen oder Worten geizt).

Verschiedene Theorien versuchen die Affinität zwischen libidinöser Fixierung und Charakter zu begründen. Die bekannteste ist die Freuds und der klassischen Psychoanalyse.

Sie nimmt an, daß die anale Fixierung durch besondere Erfahrungen hinsichtlich der Funktion der Ausscheidung und der analen Zone während der Kindheit zustande kommt (vgl. S. Freud, 1908b). Ordentlichkeit, Sparsamkeit und Eigensinn werden als direkte Sublimierungen der analerotischen Wünsche angesehen. Auch wenn diese Theorie klar zu sein scheint und durch die Tatsache gestützt wird, daß ein geiziger Mensch oft ein besonderes Interesse an Exkrementen zeigt, muß sie sich doch mit dem Einwand auseinandersetzen, daß es viele anale Charaktere gibt, in deren Kindheit man keine besonderen Vorkommnisse bezüglich der Sauberkeitserziehung beobachten kann. (Den gleichen Einwand gibt es übrigens auch für den oralen Charakter, nachdem die Beobachtung von Menschen und Tieren sehr eindeutig gezeigt hat, daß seine Entwicklung nur ganz wenig mit den Ernährungsvorgängen als Säugling zu tun hat.)

Im Gegensatz zu der Erklärung, daß der anale Charakter das Nebenprodukt der analen Verdrängung sei, habe ich für den von mir „hortenden" genannten Charakter eine andere Erklärung angeboten (vgl. E. Fromm, 1947a, GA II, S. 46f.), die bei der besonderen Art der Bezogenheit eines Menschen zur Außenwelt ansetzt. In *Die Seele des Menschen* (1964a, GA II, S. 191-193) habe ich bereits einige Ergebnisse meiner Untersuchungen zum analen Charakter mitgeteilt und die Bedeutung des Kots und seiner Attraktivität auf der Basis der Erfahrung der Bezogenheit eines Menschen zur Welt erforscht. Der Kot ist das Produkt, das schließlich vom Körper ausgeschieden wird, weil er zu nichts mehr zu gebrauchen ist. (Daß er zur Düngung des Bodens benützt werden kann, ist etwas, das mit der menschlichen Erfahrung seiner körperlichen Existenz nichts zu tun hat.) Kot ist ein Symbol für alles, was nicht lebendig, was tot ist, weil er für den Lebensprozeß des Menschen, soweit er ihn erlebt, nicht förderlich ist. Das Kind bereits erlebt den Kot, wie Freud zeigte, als Besitz, als Eigentum. Mit dem Kot macht das Kind die erste Erfahrung des Habens im Gegensatz zur Erfahrung des Seins, die es zum Beispiel beim Saugen erlebt. Nahrung zu sich zu nehmen, ist eine lebenserhaltende Erfahrung, seine Exkremente loszuwerden, ist eine physiologische Notwendigkeit: Die so ganz andere Art von Lust ist in Wirklichkeit nichts anderes als die Erlösung von einer unlustvollen Spannung. Doch man wird etwas los und nimmt nichts in sich auf. Als objektive Fakten sind natürlich Nahrungsaufnahme und Ausscheidung in gleichem Maße für das Leben notwendig. Psychologisch betrachtet, kommt es jedoch nicht auf die objektive Funktion an, sondern auf die subjektive Qualität des jeweiligen Erlebens.

Beim analen Charakter ist die ganze Bezogenheit zur Welt determiniert durch die Erfahrung des Habens, genauer gesagt, des Habens von dem, was tot ist. In seiner milderen und sozusagen „gutartigen“ Form wird der anale Charakter vom Besitz und dem Wunsch zu besitzen angezogen; in seiner stärkeren und bösartigen Ausprägung wird der anale Charakter von Verfall, Tod und Totem, Krankheit, Destruktion und allem, was leblos ist und gegen das Leben arbeitet, angezogen. Bei der bösartigen Form des analen Charakters, dem *nekrophilen Charakter*, ist Tod und Destruktion das gewünschte Ziel. Für mich unterscheiden sich der anale und der nekrophile Charakter hauptsächlich durch die Stärke der das Tote liebenden, destruktiven Kräfte, weshalb ich vorschlage, den nekrophilen Charakter als den bösartigen Aspekt des analen Charakters zu betrachten. Der Unterschied zwischen beiden ist prinzipiell kein qualitativer, sondern ein quantitativer, so daß für mich auch der anale Charakter am Ding und nicht am Leben, am Haben statt am Sein orientiert ist.

Der nekrophile Charakter steht im Gegensatz zum *biophilen Charakter*, der das Leben liebt; dieser entspricht in etwa dem „genitalen“ Charakter Freuds. Allerdings hat Freud den genitalen Charakter nur rudimentär beschrieben, während die prägenitalen Charakterorientierungen sehr gut beschrieben sind. Der (genitale) am Leben orientierte und der (anale) am Ding oder Toten orientierte Charakter unterscheiden sich durch bestimmte allgemeine Züge. Im Unterschied zum anal-hortenden Charakter ist ein Mensch, der das Leben liebt, vom Prozeß des Lebens und des Wachstums in allen Bereichen angezogen. Er baut lieber etwas auf und gestaltet etwas, als daß er es für sich zurückhält. Er kann noch staunen und will eher etwas Neues entdecken, als daß er nur die Sicherheit der Bestätigung des bereits Bekannten finden will. Er liebt das Abenteuer zu leben mehr als die Gewißheit. Sein Zugang zum Leben ist nicht mechanisch, sondern funktional. Er hat einen Blick für das Ganze, nicht nur für die Einzelaspekte; er sieht die Strukturen, und nicht nur die Summation der Phänomene. Er möchte gestalten und Einfluß nehmen durch Liebe, Vernunft und mit seinem eigenen Beispiel, während der Nekrophile durch Gewalt verändern will, durch das Abtrennen von Dingen und durch eine bürokratische Verwaltung der Menschen, als seien sie ein Ding. Der Biophile erfreut sich des Lebens in all seinen Erscheinungsweisen, und nicht, indem er den Kitzel und die pure Erregung sucht.

Der ausgeprägt anale [nekrophile] Charakter läßt sich genauerhin auch an seinen Symptomen, Träumen, seinen Verhaltensmustern und oft auch an seinem physischen Erscheinungsbild und an seinen Gesten erkennen. Seine Haut sieht tot aus, in seinen Gesten markiert er die Grenze zwischen sich und der Welt außerhalb; in extremeren Fällen zeigt er anstelle eines Lächelns ein permanentes Grinsen, und sein Gesicht sieht aus, wie wenn er einen schlechten Geruch röche. [Vgl. die Ausführungen in E. Fromm, 1973a, GA VII, S. 295-334.]

Die vorstehende Beschreibung des analen Charakters war nötig, um – wenn auch nur ansatzweise – einen Eindruck zu vermitteln, was anale Regression und Fixierung empirisch und klinisch bedeuten. Demgegenüber bleibt, wie schon bei der sadistischen Perversion, völlig nebulös, was Marcuse mit seiner „gereinigten" Analität meint, die in einer nicht-repressiven Gesellschaft zur Blüte kommen soll. Wenn sie nicht mehr die Qualitäten des Hortens, des Nicht-Liebens, des Nicht-Teilens hat – und dies sind, psychoanalytisch gesprochen, die allgemeinsten Merkmale der Analität –, was bleibt dann außer einer puren theoretischen Konstruktion jenseits aller empirischen Wirklichkeit?

3. Zur Revision der Perversionen am Beispiel des Sadismus

a) Erscheinungsweisen und Wesen des Sadismus

Sadismus ist, wie bereits betont, nicht einfach der Wunsch zu verletzen und zu demütigen, sondern das Verlangen nach absoluter Herrschaft über ein anderes Wesen, einen Menschen oder ein Tier. Der Wunsch zu verletzen und zu demütigen ist zwar eine sehr häufige Erscheinungsweise dieses Verlangens, doch der Sadismus zeigt sich in der totalen Macht, selbst wenn sich diese mit einem gewissen Wohlwollen äußert. Der Wunsch nach Beherrschen ist oft die einzige Manifestation der sadistischen Beziehung zu anderen. Er läßt sich bei vielen Bürokraten, Schullehrern, Krankenschwestern und beim Umgang der Eltern mit ihren Kindern beobachten. Oft erscheint der Sadismus nur in dieser gesellschaftlich sanktionierten und leicht rationalisierbaren Einstellung, sei es, daß ein stärkeres Ausleben des Sadismus verdrängt ist und nur zugelassen wird, wenn es gesellschaftlich gebilligt ist (zum Beispiel als „Sturmschärler"), sei es, daß der Wunsch nicht so stark ist und sich mit einem geringeren Maß an Herrschaft zufrieden gibt. Zwischen Beherrschen und dem Zufügen von Schmerz gibt es viele Übergangsformen. Jemanden anbinden, blockieren, drosseln und einschnüren, seine Spontaneität und seinen

Willensausdruck unterdrücken – all dies sind Zwischenformen, doch bedeutet dies nicht notwendig, daß sie weniger Leiden und Schmerz verursachen als offene Grausamkeit. Sie sind nur gesellschaftlich akzeptabler und lassen sich leicht als im Interesse des „Objekts" stehend rationalisieren. In all diesen Fällen ist sich der Sadist gewöhnlich der sadistischen Natur seines Verhaltens völlig unbewußt. In Fällen offener Grausamkeit ist die Verdrängung dieses Bewußtseins schwieriger. Doch gibt es eine Menge Beispiele offener Grausamkeit, die dann als für die Entwicklung des Kindes notwendig („es muß lernen zu gehorchen!") rationalisiert wird.

Der Sadist wünscht sich eine vollständige, totale Beherrschung wenigstens über ein einziges Objekt oder für eine kurze Zeit. Dieser Wunsch kommt in der sexuellen Beziehung zum Vorschein. Für den männlichen Sadisten wird die Frau zum bloßen Objekt, zu seiner Schöpfung, zu einem Ding, mit dem er ohne Einschränkungen tun kann, was er will. (Für die weibliche Sadistin gilt das gleiche auf den Mann hin.) Ist der Sadismus mit Wünschen nach genitaler Sexualität vermischt, dann findet eine gewisse physiologische Befriedigung statt, die die weitere Ausbreitung der sadistischen Handlung begrenzt. Geht der Sadismus nicht mit sexueller Betätigung einher, dann kommt die Erregung nur durch das Erreichen des sadistischen Zieles oder durch die natürliche Erschöpfung an ein Ende. In den chronischen Erscheinungsweisen von verborgenem Sadismus wird der Wunsch praktisch nie befriedigt und bleibt er chronisch.

Erscheinungsweisen von Sadismus, die nicht direkt mit sexuellen Wünschen verbunden sind und die sich nicht mit der genitalen Entspannung verbinden, sind grausame Handlungen, wie wir sie in den sadistischen Vergehen der SS-Männer in den Konzentrationslagern und in besetzten Territorien gesehen haben, das Schlagen von Gefangenen oder „Verdächtigungen" durch sadistische Polizisten, der

Mob, der lyncht, und viele andere Handlungen, wo hilflose Menschen, eben weil sie hilflos sind, die sadistische Lust wecken und dem Sadisten als Objekte dienen müssen. Ein sehr häufiger Ausdruck von Sadismus ist das erbarmungslose Schlagen von Tieren; die gutartige Form von Sadismus, das Befehlenwollen, ist ein Motiv, das oft hinter der „Zuneigung" versteckt ist, die Menschen für Haustiere, vor allem für Hunde (nicht aber für Katzen) haben, die sich gerne beherrschen und einschüchtern lassen.

Eine sehr aufschlußreiche Erscheinungsweise von Sadismus ist das Vergewaltigungs- und Plünderungssyndrom der Soldaten in einer eroberten Stadt. Nach einer alten Kriegssitte wird den Soldaten, die eine Stadt erobert haben, erlaubt, mit den Einwohnern uneingeschränkt zu tun, was ihnen beliebt. Gewöhnlich ist diese Erlaubnis zeitlich beschränkt, weil sonst die Gefahr entstehen könnte, daß sie auch innerhalb der eigenen Gruppe so verfahren könnten und den Offizieren nicht mehr gehorchen würden. Wir haben dieses Verhaltenssyndrom in den letzten Jahren bei den japanischen Truppen in der „Vergewaltigung von Nanking" gesehen und in der Vergewaltigungsorgie, die sich die russischen Truppen unmittelbar nach der Eroberung von Berlin leisteten. Ich sprach bewußt von einem „Vergewaltigungs- und Plünderungssyndrom", weil es eigenartigerweise gerade nicht auf die Vergewaltigung begrenzt ist; es gehört dazu, daß man vergewaltigt, plündert und alles, was einem in die Hände kommt – Möbel, Fenster, Gebrauchsartikel usw. - zerstört. Obwohl manchmal auch getötet wird, so geschieht dies doch relativ selten und ist weniger auffallend als das Vergewaltigen, Plündern und Zerstören. Die Soldaten, die solches tun, sind in ihren Handlungen unbeherrscht und unbeherrschbar; sie handeln aus purer Leidenschaft, im Zustand höchster Erregung.

Wie läßt sich dieses Syndrom verstehen? Die nächstliegende Erklärung wäre, das Vergewaltigen als zentrales Element herauszuschälen und es als Ergebnis des lang aufgestauten Sexualtriebs, der nach Monaten und Jahren der Kriegsführung erstmals wieder befriedigt werden kann, zu erklären.

Sicherlich ist die hinausgezögerte sexuelle Nichtbefriedigung ein Element bei diesem Verhaltenskomplex, doch gibt es eine ganze Reihe von Faktoren, die diese Erklärung infragestellen. Zunächst fällt auf, daß bei diesem Syndrom das vergewaltigende Verhalten gegenüber Frauen eigens betont ist und nicht die – vielleicht rohe – Überredung oder Verführung. Die naheliegende Antwort, daß im Grunde alle Frauen ein sexuelles Ansinnen sowieso zurückweisen würden, so daß nur die Vergewaltigung bleibt, ist meiner Meinung nach gar nicht so überzeugend, wie sie klingt. Welchen Wert auch immer der Einwand haben mag, er scheint nicht angemessen erklären zu können, warum die Soldaten sofort und bevorzugt darauf aus sind zu vergewaltigen. (Michael Maccoby hat bei unserer Untersuchung des Charakters eines mexikanischen Dorfes von einem Fall erfahren, wo Prostituierte wiederholt vergewaltigt wurden, obwohl sie ihre Zustimmung zur Prostitution gaben.)

Ein anderer Einwand gegen die Erklärung, daß es wegen der aufgestauten Sexualität zur Vergewaltigung kommt, ist die Wahllosigkeit: Alle Kriegsberichte stimmen darin überein, daß keine Frau bei der Vergewaltigung ausgelassen wurde und daß auch alte und unattraktive Frauen wahllos vergewaltigt wurden. Keiner dieser Vorbehalte gegen die Theorie von der aufgestauten Sexualität ist für sich genommen eine zwingendes Argument. Doch gewinnen sie Bedeutung, wenn man die anderen Aspekte des Syndroms betrachtet. Gaben sich die Soldaten dieser Orgie hin, dann plünderten sie, was immer sie tragen konnten, das andere zerstörten sie, beschmutzten es und trampelten es nieder auf alle nur erdenkliche Weisen. Wären sie hauptsächlich durch ihre sexuelle Lust motiviert gewesen, warum sollten sie dann mit gleicher Intensität plündern und zerstören?

Wie läßt sich dieser wilde Erregungszustand erklären, der eine trance-ähnliche Qualität hat?

Ich habe das Syndrom in dieser Länge ausgeführt, weil es ein hervorstechendes Beispiel für Sadismus ist. Der Kern des Erlebens ist anscheinend die absolute und uneingeschränkte Macht über alles und jeden. In der Vergewaltigung von Frauen drückt sich die absolute Macht über das Lebendige aus, und zwar nicht nur über die Frauen selbst, sondern auch über deren Eltern, Männer, Kinder und Freunde, die das Geschehen ohnmächtig mitansehen müssen. Insofern die Frau für den Mann die ganze Natur verkörpert (weshalb er auch nie ganz frei von Angst ihr gegenüber ist), geht die uneingeschränkte Macht über sie mit einem Gefühl der Omnipotenz einher, das genau das Wesen des Sadismus ausmacht. Diese absolute Macht wird jedoch nicht nur auf Lebendiges hin erlebt, sondern auch auf Dinge hin. Kann man sich ihrer nicht bemächtigen, indem man die Dinge wegträgt oder sie benutzt, dann kann man sich ihrer immer noch dadurch bemächtigen, daß man sie zerstört oder für andere nutzlos macht – indem man sie sozusagen mit seinem eigenen Ego zertrampelt.

Diese Auffassung von Sadismus unterscheidet sich prinzipiell von jener, in der der Sadismus als Partialtrieb gesehen wird und wesentlich sexueller Natur ist. Meine Sicht von Sadismus geht viel tiefer: Sadismus ist *eine* Art zu sein, eine der Möglichkeiten menschlichen Daseins, eine jener Antworten, die der Mensch auf die Frage geben kann, die ihm mit der Tatsache seines Geborenwerdens als Mensch gestellt ist. […] In welchem Sinne aber ist der Sadismus eine „spirituelle“ Antwort auf das existentielle Problem des Menschen?

Das Ziel aller sadistischen Strebungen ist die Beherrschung, die absolute Herrschaft, die Omnipotenz. Damit versucht der Mensch eine Lösung, die anders ist als die Regression zur animalischen Existenz oder die Einnahme von Drogen, die ihm sein Bewußtsein und deshalb auch die Quelle seiner existentiellen Dichotomien auslöscht. Mit der Erfahrung von Omnipotenz löst er zugleich noch einen anderen Aspekt seiner existentiellen Widerspruchssituation: Der Mensch sprengt die Grenzen seiner realen Existenz als Mensch, indem er die seiner Existenz innewohnende Ohnmacht aus der Welt schafft. Der mit Geist und Phantasie begabte Mensch kann sich vorstellen, Macht über alles auszuüben und „der Kapitän seines eigenen Schiffes zu sein", und doch kann er nicht umhin, in Wirklichkeit seine Machtlosigkeit gegenüber vielen Umständen und schließlich gegenüber dem Tod zu erleben. Dieser Widerspruch zwischen Ohnmachtserfahrung und der Vision von Macht kann in der Phantasie und Praxis von Allmacht gelöst werden. Der Sadist kann mit seinen verschiedenen sadistischen Techniken die Erfahrung von Herrschaft erreichen; es gelingt ihm, mit dieser Erfahrung die menschliche Bedingtheit (*conditio humana*) zu transzendieren und die existentiellen Grenzen niederzureißen.

In der Ekstase totaler Herrschaft hört der Mensch auf, Mensch zu sein. Er ist Gott. Mag sein, daß er es nur für einen Moment ist oder für eine Stunde, einen Tag, aber die Hoffnung auf diese Erfahrung und die Erfahrung selbst sind es wert, alles andere zu ertragen, selbst den Tod. Nur wer diese „spirituelle" Bedeutung des Sadismus nicht begreift, kann sich damit zufrieden geben, den Sadismus nur als Partialtrieb der Sexualität und als psychologische „Verirrung" aufzufassen. Auf diese Weise läßt sich nie die Tiefe und Stärke, aber auch nicht seine Allgegenwart verstehen.

b) Die gesellschaftliche Bedingtheit des Sadismus

Bei den Erscheinungsweisen des Sadismus gibt es Unterschiede, je nachdem, ob jemand auch real Macht hat oder machtlos ist. Der durchschnittliche Mensch ist relativ machtlos: Der Sklave mehr als der Leibeigene, der Leibeigene mehr als der Bürger, der Arbeiter des 19. Jahrhunderts mehr als der Arbeiter des 20. Jahrhunderts, der Einwohner eines diktatorischen Polizeistaates mehr als der eines demokratischen Landes. Doch durchweg alle sind abhängig von Umständen, für die sie nichts können, und von Menschen, die nicht Personen ihrer Wahl sind. (Dies gilt auch für die Demokratie, weil die Menschen die Volksvertreter gar nicht kennen und sie unter dem Einfluß massivster Gehirnwäsche durch die „Kommunikations"-mittel „gewählt" haben.) Sobald ein Mensch ein wenig Macht hat und vor allem dann, wenn er seine Wirkmacht in bedeutsame Handlungen umsetzen kann, reduziert sich sein Gefühl der Machtlosigkeit auf ein erträgliches Maß. Deshalb beobachten wir in den kulturell und ökonomisch höherstehenden gesellschaftlichen Schichten weniger Sadismus als in den unteren Schichten, wie etwa im Kleinbürgertum. (Das Kleinbürgertum in Deutschland war deshalb auch der Nährboden, auf dem der Nazismus wachsen konnte, wie ich in *Die Furcht vor der Freiheit* (E. Fromm, 1941a, GA I, S. 338-356) gezeigt habe.)

Jemand, der kulturell wie materiell nur wenig reale Befriedigung im Leben findet und der nur wenig mehr als das hilflose Objekt höherer Mächte ist, der leidet sehr an seiner Machtlosigkeit. Für ihn ist die sadistische Lösung die einzige Weise, in der er seine Ohnmacht transzendieren kann. Sie ist die einzige Form persönlicher Befreiung, es sei denn, er kann an der konstruktiven Veränderung seiner Umstände teilhaben, was jedoch durch seinen Sadismus erschwert wird. Das armseligste menschliche Wesen, das sich wie eine Null fühlt und auch eine Null ist, kann sich wie ein König fühlen, wenn es als Teil eines lynchenden Mobs sein Opfer ängstigen, demütigen und schließlich töten kann. Ebenso fühlt sich der letzte Soldat einer erobernden Armee wie ein Gott, wenn er in der Ekstase des Vergewaltigens und Plünderns seine eigene gesellschaftliche und menschliche Daseinsweise transzendiert.

Am anderen Ende der Skala sadistischer Menschen sind die Menschen, die in der Realität so viel Macht haben, daß sie versucht sind, ihren menschlichen Status zu transzendieren und Gott werden zu wollen. Politische Führer, die mit so viel absoluter Macht ausgestattet sind wie Stalin und Hitler, erliegen fast zwangsläufig der Versuchung der absoluten Macht, wie Albert Camus in seinem Stück *Caligula* großartig gezeigt hat. Das Amt gibt Caligula die Macht über alle: über die Körper, die Seelen, die Ehre, das Schamgefühl. Wer die Erfahrung solch uneingeschränkter Macht macht, hält die Ohnmacht, die er noch immer fühlt, nicht mehr aus. Er muß dann durch seine Machtausübung alle menschlichen Bindungen zerstören und befindet sich in einem Zustand unerträglicher Isolation. Nur noch die Phantasie seiner Omnipotenz, seines Gottseins, kann ihn von diesem Schmerz retten. Er kann fast nicht mehr anders als das Unmögliche zu wollen: Er will den Mond. Jetzt wird er verrückt. Aber seine Verrücktheit ist keine „Krankheit"; sie ist seine Art zu leben, seine private Religion.

Sadismus gibt es nicht nur im Kleinbürgertum und unter Diktatoren; er findet sich bei vielen anderen gesellschaftlichen Gruppen und in vielen Situationen des Privatlebens, und zwar immer dann, wenn jemand die Chance hat, die Rolle des Diktators zu spielen: Ein Vater (gegenüber seinen Kindern), ein Mann (gegenüber seiner Frau), ein Schullehrer, ein Gefängniswärter, ein Polizist, ein Arzt, eine Krankenschwester, ein Offizier usw. Es fällt auf, daß bei vielen dieser Fälle die tatsächliche Macht gar nicht groß ist; es kommt nur darauf an, daß die reale Macht eines Menschen groß genug ist, um ihm die Phantasie zu erlauben, absolute Macht zu haben.

Da diese Situationen höchstens das Manifestwerden des Sadismus erleichtern, bleibt die Möglichkeit bestehen, daß seine Wurzeln bei Menschen zu suchen sind, die nicht aus sozio-ökonomischen Gründen geschwächt sind. Wenigstens eine Bemerkung möchte ich hierzu machen: Die gleichen Bedingungen faktischer Machtlosigkeit können auch durch eine Familienatmosphäre hervorgebracht werden, bei der das heranwachsende Kind der sadistischen Behandlung durch seine Eltern ausgesetzt ist, und zwar besonders in den weniger auffälligen Formen, wo sein Wille und seine Spontaneität gebrochen werden, sei es direkt oder durch das Fehlen von Spiegelung oder durch Drohungen.

c) Sadismus und Nekrophilie

Der Zusammenhang von Sadismus und Destruktivität ist höchst kompliziert und wird noch viele weitere Untersuchungen erforderlich machen. [Vgl. auch meine weiterführenden Gedanken in *Anatomie der menschlichen Destruktivität* (E. Fromm, 1973a, GA VII).] Wir tun gut daran, zwischen einem „einfachen Sadismus", dessen Ziel die Herrschaft ist, aber nicht das Zerstören, und dem „destruktiven Sadismus" zu unterscheiden, bei dem das besitzergreifende „anale" Element die bösartige Form des Angezogenseins vom Toten angenommen hat. Diese Annahme entspricht meiner Auffassung von der Liebe zum Toten (Nekrophilie) als der malignen Form des „anal"-hortenden Charakters (vgl. E. Fromm, 1964a, GA II, S. 179-198). Ich brauche nicht eigens zu betonen, daß es wie bei allen Mischungen unzählige Varianten entsprechend der Stärke des nekrophilen Faktors gibt.

Für den „einfachen Sadismus" gilt es zu unterstreichen, daß

es nicht das Ziel des Sadisten ist zu zerstören, sondern zu beherrschen. Er braucht seine Objekte lebendig, denn nur so kann er die Erregung und die Befriedigung einer totalen Herrschaft spüren. Zerstört er sein Objekt, dann verliert er seine Herrschaft, da er die Demütigung und die Hilflosigkeit seines Opfers nicht mehr beobachten kann. Nur ausnahmsweise, wenn auch nicht so selten, will der „einfache" Sadist auch töten. Wenn er daran so sehr Spaß hat, seinen Opfern Angst zu machen, daß sie getötet werden, kann er sich auch zum Letzten hinreißen lassen und sie töten, auch wenn dies vom sadistischen Standpunkt aus nicht wirklich „nötig" gewesen wäre. Sein Wunsch nach Allmacht kann dabei derart sein, daß der Akt des Tötens, des Zerstörens der wunderbaren Qualität des Lebendigseins eines anderen, die höchste Manifestation seiner Omnipotenz darstellt. Aus diesem Grunde ist es nicht immer einfach, klinisch zwischen Sadismus und Destruktivität (Nekrophilie) zu unterscheiden. Nichtsdestoweniger gibt es diesen Unterschied.

Der destruktive, nekrophile Mensch ist vor allem dadurch gekennzeichnet, daß er das Leben haßt und es zerstören will, nicht, daß er es beherrschen will. Während der Sadist „heiß" und sinnlich ist, ist der Nekrophile kalt und distanziert („cool"). Der Sadist ist immer noch auf der Seite des Lebens und sucht nach einer letzten Befriedigung, die er auf keine andere Art und Weise bekommen kann. Der destruktive Mensch hat sozusagen die Welt des Lebendigen verlassen. In seiner Verzweiflung über seine eigene Leblosigkeit kennt er keinen anderen Trost als die Genugtuung, daß er Leben wegnehmen kann. Während der Sadismus eine Perversion der „Potenz" [zur Omnipotenz] ist, ist die Nekrophilie die letzte und gewaltsame Rache am Leben für die Unfähigkeit, noch irgendeine Art von „Nähe" spüren zu können, nicht einmal mehr die zwischen dem Folterer und seinem Opfer.

Im Unterschied zum „einfachen Sadismus" hat der „destruktive Sadismus" immer eine Beimischung an nekrophilen Tendenzen. Bei ihm gibt es beides, das Verlangen nach Omnipotenz und die Liebe zum Toten. Sind beide Tendenzen vorhanden, unterscheidet sich der destruktive Sadismus vom einfachen Sadismus in dem Maße, als die Destruktivität des Lebens mit dem Verlangen nach Omnipotenz vermischt ist. Doch unterscheidet sie sich auch von der Nekrophilie, denn dieser fehlt die „heiße", sinnliche Beziehung zum Opfer. Ein lynchender Mob ist eines der besten Beispiele für destruktiven Sadismus, während ein bestimmter Typ des kaltblütigen Mörders, der keine sadistischen Elemente zeigt, ein gutes Beispiel für nekrophile Destruktivität ist; schließlich ist der Wunsch zu verletzen und zu demütigen, ohne töten zu wollen, ein Beispiel für den einfachen Sadismus.

Freud hat in seiner Theorie vom Todestrieb die attraktive Lösung vorgeschlagen, daß beim Sadismus der Eros mit dem Todestrieb vermischt ist. Und doch ist diese Lösung nicht zufriedenstellend. Erstens erklärt sie den nicht-sexuellen Sadismus nicht, zweitens wäre sie zwar brauchbar, den destruktiven Sadismus zu erklären, nicht aber den einfachen Sadismus. Ihr größter Mangel aber ist das Fehlen der Unterscheidung zwischen Herrschaft und Allmacht auf der einen und Destruktivität und Nekrophilie auf der anderen Seite. Sowohl auf Grund meiner klinischen wie meiner sozialpsychologischen Erkenntnisse bin ich zu dem Schluß gekommen, daß der Sadismus eine Erscheinungsweise intensiver persönlicher Bezogenheit ist, bei der der Sadist der Herrscher über einen anderen Menschen werden muß, um selbst ganz zu sein, so daß der Sadismus eine symbiotische Beziehung darstellt. Er wünscht sich und braucht den anderen Menschen leidenschaftlich, aber er liebt ihn nicht. Mit seiner sadistischen Art hält er sich gierig am anderen fest. Dies ist denn auch der Grund, warum der Sadismus ähnlich wie bei anderen Formen intensiver Gebundenheit leicht die genitale Sexualität stimuliert und sich mit ihr vermischt.

IV. Der angebliche Radikalismus von Herbert Marcuse

Aus zwei Gründen fühle ich mich genötigt, mich eigens mit den Schriften von Herbert Marcuse auseinanderzusetzen: Erstens vertritt er mir völlig entgegengesetzte Auffassungen, obwohl er in gewissen Fragen eine ähnliche Linie des kritischen Denkens hat, wie ich sie nicht nur in meinen frühen Arbeiten seit Beginn der dreißiger Jahre, sondern auch in *Die Furcht vor der Freiheit* (1941a, GA I) und in den nachfolgenden Büchern ausgedrückt habe. Ich denke, daß ich meine eigene Position noch verdeutlichen kann, wenn ich, und sei es nur knapp, einige der wichtigsten Theorien erörtere, die Marcuse entwickelt hat.

Der zweite Grund ist wichtiger: Marcuse neigt dazu, durch seine falschen Interpretationen von Freud (und Marx) und außerdem durch sein oft irreführendes und widersprüchliches Denken den Geist vieler Leser zu verwirren, und dies besonders bei einigen Anhängern der radikalen Linken. Ich glaube, daß diese Wirkung gefährlich ist. Hört radikales Denken auf, kritisch und rational zu sein, dann hört es auch auf, „radikal" zu sein, das heißt, an die Wurzeln zu gehen; es wird abenteuerlich und führt zu irrationalen Handlungen. Wie ein großer Teil der jungen Generation, ist auch die neue Linke zudem kaum mit der Literatur der Vergangenheit vertraut. Werden sie nun mit einem entstellten Freud und einem entstellten Marx bekannt, dann wird dies in Wirklichkeit keine Hilfe sein, um mit der humanistischen und revolutionären Tradition in Berührung zu kommen.

1. Marcuses Freudrezeption

Ich zögere, einen intelligenten und gebildeten Menschen wie Marcuse, der ein ausgezeichnetes und tiefschürfendes Buch, *Vernunft und Revolution* (1941), geschrieben hat, der falschen Interpretation jener Werke anzuklagen, die er erörtert. Da ich aber davon überzeugt bin, daß er nicht willentlich und absichtlich entstellt, muß es in ihm machtvolle persönliche Motive geben, die ihn nicht gewahr werden lassen, was für absurde Dinge er in *Triebstruktur und Gesellschaft* (1955 bzw. 1966) und in *Der eindimensionale Mensch* (1964) geschrieben hat. Was die Motive auch sein mögen, ich werde mich auf den folgenden Seiten nur auf seine Argumente konzentrieren und versuchen, eine Antwort zu geben.

Bevor ich beginne, seine Darstellung von Freuds Theorien zu kritisieren, muß ich auf eine Schwäche hinweisen, die Marcuse selbst erwähnt, allerdings ohne sich ihrer Implikationen ausreichend bewußt zu sein. Er erhebt den Anspruch, daß er sich nur mit Freuds Theorien auseinandersetzen will, mit der klinischen Anwendung der psychoanalytischen Erkenntnisse aber weder vertraut sei noch sich hierfür kompetent fühle. Eine solche „Philosophie" der Psychoanalyse, die sich nicht auf klinische Erfahrung bezieht, ist ein Zugang, der das Verstehen der psychoanalytischen Theorie weitgehend behindert. Nimmt man Freuds Erkenntnisse aus ihrem klinischen Kontext heraus, werden sie zu abstrakten Theorien, die eine Bewertung der wirklichen Bedeutung von Freuds Theorien unmöglich machen, weil sie nicht in klinischen Beobachtungen wurzeln.

Marcuses entscheidende Fehlinterpretation der Freudschen Position ist in dem Versuch zu sehen, Freud als einen revolutionären Denker zu interpretieren. Freud war ein typischer Vertreter des Bürgertums des 19. Jahrhunderts und des mechanistischen Materialismus und bis zum Ersten

Weltkrieg ein optimistischer liberaler Reformer; danach und später hatte er keine Hoffnung auf irgendeine gesellschaftliche Änderung zum Besseren. In *Das Unbehagen in der Kultur* (1930a) hat Freud seine negative Einstellung gegenüber sozialistischen oder revolutionären Zielen mit unmißverständlicher Klarheit ausgedrückt. Er nahm an, daß die Zivilisation auf der Verdrängung der libidinösen Triebe aufbaue und die Zivilisation das Ergebnis von Sublimierungen oder Reaktionsbildungen sei, für die diese Verdrängung eine Bedingung sei. Dementsprechend sei der Mensch vor die Alternative gestellt, entweder nicht zu verdrängen – was bedeutet, daß es keine Zivilisation gibt – oder zu verdrängen, so daß es zwar Zivilisation gibt, aber auch viele Neurosen.

Freuds Sympathien lagen zweifellos auf seiten von Zivilisation und Verdrängung. Wie viele liberale Reformer, dachte Freud aber andererseits auch, daß die sexuelle Verdrängung zu weit gehe. Reduziere man die Verdrängung ein wenig, dann ließen sich auch die Neurosen verringern, ohne daß dadurch die grundlegende Struktur der Gesellschaft gefährdet würde. Freud war fest von dem unausweichlichen Konflikt zwischen triebhaften Bedürfnissen und Zivilisation überzeugt und zweifelte nicht an der Richtigkeit und Notwendigkeit der bestehenden bürgerlichen Gesellschaftsform. Folglich war Freud ein Gegner des Sozialismus. Diese Opposition war ein Hauptelement in seiner Feindseligkeit gegen Wilhelm Reich, der seine kommunistischen Vorstellungen, die er zur Zeit des Konflikts mit Freud vertrat, später jedoch verwarf, mit einer radikalen Theorie der sexuellen Befreiung verband.

Man kann nur staunen: Der liberale, antisozialistische Freud soll zu einem revolutionären Theoretiker verwandelt werden! Manchmal unterscheidet Marcuse zwischen dem Freud, dem er beipflichtet, und bestimmten Äußerungen von Freud, die er kritisiert. Dies macht die Erörterung etwas schwierig, denn Marcuses Argumentation ist schlüpfrig. Er macht regelrechte Einschränkungen in seiner Zustimmung zu Freud, doch insgesamt spricht er Freud die Rolle eines revolutionären Denkers zu. Wie ist dies möglich?

Eine mögliche Antwort ist, daß Marcuse von Freuds „Materialismus" beeindruckt ist. Die Triebe sind die realen und materiellen Bedürfnisse des Menschen und alles andere ist Rationalisierung oder Ideologie. Diese Antwort könnte zufriedenstellen, hätten wir es mit einem Autor zu tun, der sich weniger als Marcuse des Unterschieds zwischen mechanistischem Materialismus und Marx' historischem Materialismus bewußt wäre und der sich nicht, wie Marcuse dies tat, ausdrücklich gegen den ersteren wendet.

Zu Beginn von *Der eindimensionale Mensch* (1964) scheint Marcuse alle Hoffnungen für die Vollendung des technologischen Prozesses zu hegen: „Die technologischen Prozesse der Mechanisierung und Standardisierung können individuelle Energie für ein noch unbekanntes Reich der Freiheit jenseits der Notwendigkeit freigeben. Die innere Struktur des menschlichen Daseins würde geändert; das Individuum würde von den fremden Bedürfnissen und Möglichkeiten befreit, die die Arbeitswelt ihm auferlegt. Das Individuum wäre frei, Autonomie über ein Leben auszuüben, das sein eigenes wäre. Könnte der Produktionsapparat im Hinblick auf die Befriedigung der notwendigen Bedürfnisse organisiert und dirigiert werden, so könnte er durchaus zentralisiert sein; eine derartige Kontrolle würde individuelle Autonomie nicht verhindern, sondern ermöglichen." (H. Marcuse, 1964, S. 22.) – Was ist dieses „noch unbekannte Reich der Freiheit jenseits der Notwendigkeit"? Marcuse ist äußerst ungenau, wenn er beschreibt, was er wirklich meint. In *Triebstruktur und Gesellschaft* erwähnt er bei den Zielen für die gute Gesellschaft, daß die Menschen „ohne Angst sterben können" (H. Marcuse, 1966, S. 233), daß sie schmerzlos sterben und nicht „sterben, ehe sie müssen und wollen" (a.a.O., S. 232). – Es fällt mir schwer, diese Äußerungen ernst zu nehmen. Es wird immer Menschen geben, die sterben, bevor sie zu sterben wünschen. Die psychologischen Aspekte hierbei haben weniger mit der Gesellschaftsordnung zu tun, sondern eher mit Vererbung und Konstitution. Die Forderung, der Mensch solle mit einem Minimum an Schmerz sterben, klingt in einer Gesellschaft ziemlich nichtssagend, in der die medizinische Kunst alles tut, um den Schmerz beim Sterbeprozeß zu lindern. Und bezüglich der Vorstellung, daß der Mensch ein Recht hat, sich das Leben zu nehmen, wenn er sich dazu entscheidet, gibt es heute viele, die Marcuse beipflichten. Es braucht deshalb keine grundsätzliche Änderung in der Gesellschaft, um seinem Leben leichter freiwillig ein Ende setzen zu können. Unsere Selbstmordrate zeigt, daß selbst unter den gegebenen Umständen niemand effektiv daran gehindert wird, sich das Leben zu nehmen, wenn er es tun will.

Warum die Beseitigung der Angst vor dem Tod eine derart große Rolle bei Marcuses Ideal des neuen Menschen spielen soll, wird deutlicher, wenn man das grundlegende Ideal von Marcuses neuem Menschen betrachtet. Es läßt sich sehr einfach ausdrücken, wenn man auf die intellektuellen Ausschmückungen verzichtet, mit denen Marcuse den Sachverhalt ein wenig verschleiert. Wenn der Mensch in der vollendeten technologischen Gesellschaft sich nicht mehr um seine Arbeit sorgen muß, weil all seine materiellen Bedürfnisse erfüllt sind, dann kann er regredieren und wieder zum Kind werden oder vielleicht sogar zum Säugling. Marcuse sagt dies nicht mit so vielen Worten, denn es würde zu absurd oder gewagt klingen, wenn er es ausspräche. Und doch macht er dieses Ideal zur Genüge deutlich, wenn man seinen Überlegungen im einzelnen folgt.

Eine Manifestation der neuen, säuglingshaften Existenz ist das, was Marcuse „polymorphe Sexualität" nennt. Was bedeutet dies? In der Freudschen Theorie ist sie die sexuelle

Erfahrung des Kindes vor der Pubertät und näherhin vor dem Aufblühen des Ödipuskomplexes. In dieser Zeit, etwa vor dem 6. Lebensjahr, ist der ganze Körper libidinös besetzt, nicht nur die Genitalien, sondern alle erogenen Zonen, besonders der After und der Mund; aber auch andere Aspekte der prägenitalen Sexualität wie Sadismus und Masochismus sind Quellen sexuellen Genusses. Mit dem Erwachen der phallischen Sexualität und endlich der genitalen Sexualität in der Pubertät, wird die prägenitale Sexualität der genitalen untergeordnet.

Marcuses Idee nun ist, daß diese Unterordnung der prägenitalen unter die genitale Sexualität für alle repressiven Gesellschaften typisch ist und daß in einer freien Gesellschaft die prägenitale Sexualität wieder zu ihrem eigenen Recht kommt und jenen Beigeschmack verliert, den wir heute mit den Perversionen in Verbindung bringen. Nach dieser Theorie wird der Mensch erst dann ganz er selbst, wenn er regrediert, um wieder ein Kind zu sein. Diese Regression muß sich aber in einem neuen Aufblühen der prägenitalen Sexualität ausdrücken. Allerdings nehmen nach Marcuses Theorie die Manifestationen der prägenitalen Sexualität wie die Koprophilie (die Liebe zum Kot) und der Sadismus in einer nicht-repressiven Gesellschaft eine ganz andere Bedeutung an, als sie in der repressiven Gesellschaft hatten. Alle erogenen Zonen werden reaktiviert, so daß es zu „einem Wiederaufleben der prägenitalen polymorphen Sexualität" und zu „einer Abnahme des genitalen Supremats" kommt (H. Marcuse, 1966, S. 199). „Der Körper in seiner Gesamtheit würde" zu einem „Instrument der Lust... Diese Veränderung im Wert und im Ausmaß der libidinösen Beziehungen würde zu einer Auflösung der Institutionen führen, in denen die privaten zwischenmenschlichen Beziehungen organisiert waren, besonders der monogamen und patriarchalen Familie." (A.a.O.) Marcuse parallelisiert die Befreiung von Ausbeutung und irrationaler Autorität mit der Befreiung der „unter das genitale Supremat gezwungenen Sexualität zu der Erotisierung der Gesamtpersönlichkeit“ (a.a.O.).

2. Marcuses Verständnis der Perversionen

Marcuse stellt fest, daß Perversionen wie der Sadismus verschiedene Qualitäten haben und daß es darauf ankommt, in welcher Art von Gesellschaft der Sadismus auftritt. „Die Funktion des Sadismus ist eine andere in einer freien libidinösen Beziehung als etwa bei den Unternehmungen von SS-Truppen. Die unmenschlichen, zwanghaften, erzwingenden und zerstörerischen Formen dieser Perversion scheinen mit der allgemeinen Perversion des menschlichen Daseins in einer unterdrückten Kultur zusammenzuhängen, aber die Perversionen selbst haben einen triebhaften Gehalt, der anders ist als diese Formen; und dieser Gehalt könnte durchaus in anderen Formen zum Ausdruck gelangen, die mit normalen Verhaltensweisen innerhalb einer hohen Kultur wohl vereinbar wären.“ (H. Marcuse, 1966, S. 200f.) Bei der Erörterung seines Zieles für den „neuen Menschen“ in einer nicht-repressiven Gesellschaft, nämlich die Verwirklichung der infantilen, prägenitalen Sexualität, behauptet Marcuse (a.a.O., S. 200): „Die Libido würde nicht einfach präkulturelle und infantile Stadien reaktivieren, sondern würde auch den pervertierten Inhalt dieser Stadien verwandeln.“

Es ist mir unmöglich zu verstehen, worüber Marcuse hier wirklich spricht, und nachdem ich diese Textpassagen wiederholt gelesen habe, beginne ich daran zu zweifeln, daß Marcuse überhaupt eine klare Vorstellung von dem hat, was er da meint. Daß der Sadismus eines SS-Mannes sich vom sadistischen Verhalten eines Paares unterscheidet, das zu seinem sexuellen Tun steht und Lust dabei empfindet, ist klar. Im letzteren Fall basiert das sadistische Wehtun oder Entwerten des Sexualobjekts auf einer gemeinsamen Zustimmung, und selbst den demütigenden Praktiken, die für die sadistische Perversion so typisch sind, fehlt die Gefährlichkeit und Unmenschlichkeit jenes Sadismus, der sein Objekt unter Anwendung von Gewalt gebraucht. So sehr es diesen Unterschied gibt und so wichtig er ist, er ändert doch grundsätzlich nichts am Inhalt des sadistischen Impulses: am Wunsch nach völliger Beherrschung des anderen Menschen, durch die dieser seines Willens beraubt und zu einem machtlosen Objekt wird, und der sich in dem Wunsch äußert, das Objekt zu verletzen und es zu demütigen.

Es gibt tatsächlich keine größere Manifestation von Macht, als ein lebendes Wesen zu zwingen, Schmerz auszuhalten. Dieser Inhalt hat sich nicht grundsätzlich in jener perversen sado-masochistischen Praxis geändert, die heute in unserer und in vielen anderen Gesellschaften häufig anzutreffen ist. Hat der Sadismus nicht dieses Ziel, das für ihn so typisch ist und das die Grundlage für die Stärke der Erregung und Befriedigung ist, dann ist es auch kein Sadismus mehr, und Marcuse bleibt die Antwort schuldig, was es dann ist.

Natürlich spricht Marcuse nicht von der Sado-Perversion in unserer „repressiven" Gesellschaft (obwohl es den Unterschied zwischen den Sturmschärlern und dem gegenseitig freiwilligen Sadismus eines sado-masochistischen Paares auch heute noch gibt), doch das Problem besteht genau in der Frage, was vom Inhalt des Sadismus in einer nicht-repressiven Gesellschaft noch übrigbleibt. Was meint er, wenn er sagt, die „Libido würde nicht *einfach* präkulturelle… Stadien reaktivieren", sondern „*auch* den pervertierten Inhalt… verwandeln" (H. Marcuse, 1966, S. 200)? Worin besteht der pervertierte Inhalt des Sadismus und in was soll er verwandelt werden? Worin besteht der „triebhafte Gehalt" (a.a.O., S. 201), der sich von den destruktiven Formen der heutigen Perversion unterscheidet? Ist dieser gereinigte Sadismus nicht oder nicht *nur* sexuell? Ist der „triebhafte Gehalt" nicht mehr vom Bedürfnis zu beherrschen, zu verletzen, zu demütigen bestimmt? Und wenn nicht, was ist dann an ihm sadistisch?

Man hofft vergeblich, eine Antwort auf diese Fragen in Marcuses allgemeinen Äußerungen zur Regression auf die infantile Libido zu finden, die sich angeblich grundsätzlich von der Regression in einer nicht-repressiven Gesellschaft unterscheiden soll. Leider ist Marcuses Hauptthese von der Verwandlung der Sexualität in Eros ebenso vage und entspringt dem Kopf des Philosophen der Psychoanalyse, der die Bedeutung von Freuds Aussagen mißdeutet und teilweise eindeutig falsch versteht. In unserem Zusammenhang ist von Interesse, daß Marcuse die Reaktivierung der prägenitalen Sexualität, das heißt, im großen und ganzen der Perversionen, als ein wünschenswertes Ziel für die menschliche Entwicklung ansieht, doch scheint er Angst davor zu haben, offen zugunsten der Perversionen zu sprechen. Er möchte sie reinigen, es sollte nichts Häßliches an der sadistischen Perversion sein, und anstatt diese neue und unschädliche „polymorphe Sexualität" zu beschreiben und die klinischen und empirischen Fakten des Sadismus zu erörtern, fordert er eine metapsychologische Theorie, ändert und entstellt er Freud. Er theoretisiert über Perversion, Narzißmus usw., ohne jemals eine *Beschreibung* dieser Phänomene zu versuchen. (Es ist für Marcuses abstrakte und unwirkliche Behandlung des Sadismus typisch, daß er kaum vom Masochisten spricht, der untrennbar mit dem Sadisten verbunden ist und der von diesem als zustimmender Partner gebraucht wird.)

Leider beschäftigt sich Marcuse nicht mit der Koprophilie als einer weiteren Perversion, sondern erwähnt sie nur beiläufig. Koprophilie ist der Wunsch nach und die Lust am Berühren, Riechen und Essen des Kots von einem selbst oder von einem anderen. Nach Freud ist die Koprophilie ein sehr typischer Wunsch des Kindes während der Phase, die vom Anus als erogener Zone bestimmt wird. Als Perversion ist sie unter Erwachsenen heute gar nicht so selten, bei weitem aber nicht so häufig wie die sado-masochistische Perversion. Oft ist sie mit einem starken Sadismus verbunden, weshalb man in der psychoanalytischen Literatur auch vom „anal-sadistischen" Charakter spricht. Gemäß Marcuses allgemeinem Grundsatz sollte dieser Teilaspekt der infantilen Sexualität in einer nicht-repressiven Gesellschaft ebenso reaktiviert werden.

Wie könnte die Koprophilie „gereinigt" werden und doch gleichzeitig Koprophilie bleiben? Die klassische Freudsche Antwort lautet, daß sie sublimiert wird, etwa in der Lust am Malen. (Ich halte dies für eine mehr als fragwürdige Hypothese.) Da Marcuse aber die Sublimierung verwirft, bleibt zu fragen, wie sich das Interesse und die Lust am Kot beim neuen und wahrhaft glücklichen Menschen ausdrücken? Diese Fragen sind so naheliegend, daß man nur zu dem Schluß kommen kann, daß bei seiner Sicht das Loblied auf die Perversionen und die prägenitale Sexualität durch eine idealisierende Tendenz gemildert wird – eine neue viktorianische Prüderie, ausgedrückt in den Begriffen von metapsychologischen Theorien.

Die Kritik an Marcuse gilt auch noch für eine andere infantile Strebung, die seiner Meinung nach in einer nicht-repressiven Gesellschaft reaktiviert werden sollte: für den *Narzißmus*. In *Triebstruktur und Gesellschaft* schreibt Marcuse (1966, S. 207): „Die Reaktivierung polymorpher und narzißtischer Sexualität stellt keine Bedrohung der Kultur mehr dar und kann selber der Kulturentwicklung dienen, wenn der Organismus nicht als ein Instrument entfremdeter Arbeit existiert, sondern als ein Subjekt der Selbstrealisierung – mit anderen Worten, wenn sozial nützliche Arbeit gleichzeitig auch die echte Befriedigung eines individuellen Bedürfnisses darstellt." Worte wie „Selbstrealisierung" und „echte" Befriedigung klingen gut, doch läßt sich kaum vorstellen, wie denn die neue Regression auf den Narzißmus eigentlich aussieht, vorausgesetzt, der Begriff „Narzißmus" hat hier wenigstens ansatzweise eine psychologische Bedeutung.

Marcuse macht es einem nicht leicht damit. Er bietet seine eigene Deutung von Narziß an und bemerkt (a.a.O., S. 160, Anm. 5), daß „das Symbol des Narziß und der Ausdruck ‚narzißtisch', wie sie hier verwendet werden, nicht die Bedeutung (haben), die Freud ihnen in seiner Theorie verliehen hat". So weit, so gut. Ein paar Seiten später aber versucht Marcuse, in die andere Richtung zu gehen und schlägt vor, daß es vielleicht möglich sei, „in Freuds Begriff des primären Narzißmus eine gewisse Unterstützung" zu finden (a.a.O., S. 166). Diese Bemerkung verwundert, denn erstens ist Marcuses eigene Deutung, daß Narziß „nicht nur sich selbst" liebt (a.a.O.); zweitens aber gilt, wenn Narziß der Gegenspieler des Eros ist und „wenn seine erotische Haltung dem Tode verwandt (ist) und den Tod (bringt), dann sind Ruhe, Schlaf und Tod nicht schmerzlich getrennt und unterschieden" (a.a.O.). Unabhängig von der Gültigkeit und der Bedeutung dieser Interpretation stellt sie das genaue Gegenteil der Freudschen Auffassung von Narzißmus dar, bei der der Narzißt ausschließlich sich selbst liebt, und natürlich auch zu Freuds späterer Theorie, in der der Narzißmus zum Eros gehört und deshalb nicht in die Nähe zum Tod, wie Marcuse beschreibt. Marcuse versucht, seine Behauptung zu stützen, indem er auf Freuds Begriff des primären Narzißmus verweist. Er zitiert hierzu Freuds Äußerung zum „ozeanischen Gefühl" (a.a.O., S. 167), einer wesentlich mystischen Erfahrung, die Freud als Regression auf den frühesten Entwicklungszustand versteht, in der sich noch kein Gefühl der Individualität oder des Selbst entwickelt hat. – Wie schon in den oben genannten Beispielen gebraucht Marcuse auch hier Freudsche Begriffe, doch gibt er ihnen entweder eine neue Bedeutung oder er nimmt ihnen ihren besonderen Erfahrungsgehalt.

Bei vielen, die glauben, Freuds Lehren verstanden zu haben, ist es heute üblich geworden, alle Betonung auf Freuds Libidotheorie zu legen, nicht aber auf Freuds Charaktertheorie. Auf diese Weise werfen sie den Teil der Freudschen Theorie über Bord – oder richtiger: versäumen sie es, ihn an Bord zu nehmen, ohne den das Ganze nicht richtig verstanden werden kann. Auch rücken sie die Theorie möglichst weit von den beobachtbaren persönlichen Daten weg, um ja nicht Gefahr zu laufen, sich auch einmal mit dem eigenen Charakter, und hier besonders mit seinen unbewußten Aspekten, auseinandersetzen zu müssen. Freud wird nur als Befreier der Sexualität gesehen; daß er den Weg zum individuellen Unbewußten gezeigt hat, wird verschwiegen. Betrachtet man die Diskrepanz zwischen dem, was Freud wirklich war, und dem philosophisch „interpretierten" Freud, kann man als Psychoanalytiker nur zu dem Schluß kommen, daß der Hauptgrund für seine Entstellung in dem „Widerstand" zu sehen ist, mit den zentralen menschlichen Problemen in Berührung zu kommen, jenen der unbewußten Aspekte des eigenen Charakters und den Resultaten der eigenen Verdrängungen. Diese Form des Widerstands wird durch die Methode, die Marcuse und andere anwenden, begünstigt: Zum einen beschäftigen sie sich nicht mit seinen klinischen Erkenntnissen, sondern mit Freuds Metapsychologie; zum anderen ignorieren sie weitgehend Freuds Werk vor 1920, das heißt, vor der Einführung der neuen Triebtheorie, und beschäftigen sich hauptsächlich mit seiner Hypothese von Eros und Todestrieb, die im wesentlichen eine metapsychologische Theorie ist und sich kaum auf klinische Fakten bezieht. Wenn sie zur neuen Philosophie der Psychoanalyse passen, werden auch Teile von Freuds früheren Hypothesen verwendet, aber es fehlt ihnen die volle Kenntnis und deshalb auch das Verständnis der klinischen Daten Freuds und der auf sie aufbauenden Theorien. Einfach zu behaupten, wie Marcuse dies tut, daß man sich nicht mit klinischen Problemen beschäftige, weil man sie als Fragen zur Technik ansehe, ist ein methodologischer Irrtum, denn die Eigenart der Freudschen Theorien ist es gerade, daß sie aus dem Boden empirischer Beobachtungen erwuchsen. Es ist ähnlich wie wenn jemand die ökonomischen Theorien von Marx erörtert und behauptet, eine Kenntnis der ökonomischen Realität sei nicht Voraussetzung, um Marx zu verstehen und seine Theorien auf radikale Weise zu ändern.

Ich kann nicht auf die vielen brillanten, wenn auch schwer faßbaren Argumente eingehen, die Marcuse anführt, um seine Leser nicht zu schockieren oder vielleicht auch, um sie nicht merken zu lassen, was für ein Ideal vom neuen Menschen ihm in Wirklichkeit vorschwebt. Marcuse ist tatsächlich mit einem gewaltigen Problem konfrontiert. Die meisten Menschen wollen ja gerade gar nicht dem Primat der genitalen Sexualität über sadistische, koprophile oder andere prägenitale Wünsche entkommen. In Wirklichkeit scheinen sie in der genitalen Erfüllung ein großes Glück zu finden, zumal wenn diese mit persönlicher Liebe und Nähe verbunden ist.

Um die Reaktionen von eher normal orientierten Menschen zu besänftigen, gebraucht Marcuse zwei Argumente. Zum einen sagt er, „die freie Entwicklung verwandelter Libido (würde) innerhalb gewandelter Institutionen, während sie bisher tabuierte Zonen, Zeiten und Beziehungen erotisiert, die Manifestation *bloßer* Sexualität *vermindern*, indem sie sie in eine viel größere Ordnung integriert, einschließlich der Werkordnung. In diesem Zusammenhang strebt die Sexualität nach ihrer eigenen Sublimierung: die Libido würde nicht einfach präkulturelle und infantile Stadien reaktivieren, sondern würde auch den pervertierten Inhalt dieser Stadien verwandeln." (H. Marcuse, 1966, S. 200.) Nur mit Mühe kann man sich vorstellen, auf was für eine sexuelle Realität Marcuse mit dieser Äußerung Bezug nimmt. Die Koprophilie etwa würde wiederbelebt, die Menschen würden also eine Lust beibehalten, Kot zu riechen, zu sehen und zu essen, aber dies würde nicht mehr rein sexuell (im prägenitalen Sinne) sein, sondern es würde in die Werkordnung integriert sein. Gleiches würde wohl auch für den Sadismus gelten. Heißt dies, daß ein Mann, der einen lustvollen Spaß daran hat, eine Frau zu schlagen und zu demütigen, dies nur noch teilweise oder nicht nur aus sexueller Lust tut, sondern daß ein Teil dieser prägenitalen Lust sich in seiner Arbeit oder der größeren gesellschaftlichen Ordnung ausdrückt? Sofern Marcuse letzteres meint, wiederholt er nur Freud, der annahm, daß die prägenitale Sexualität in Kultur sublimiert wird (vgl. das berühmte Beispiel vom Chirurgen, der seinen Sadismus in seine chirurgischen Fertigkeiten sublimiert hat). Diese Sublimierung prägenitaler Sexualität begründet nichts anderes, was nicht auch schon in der repressiven Gesellschaft vorkam. Der neue Aspekt, den Marcuse als Ziel des neuen Menschen anbietet, ist jener Teil, in dem die prägenitale Sexualität auch als sexueller Genuß in der Beziehung von Mensch zu Mensch erlebt wird.

Das zweite Argument, mit dem Marcuse die neue Idealisierung der Perversion attraktiv zu machen versucht, lautet so: Wo die Sexualität *unterdrückt* ist, manifestiert sich die Libido „in den scheußlichsten Formen, die in der Kulturgeschichte so wohlbekannt sind: in den sadistischen und masochistischen Orgien verzweifelter Massen, ‚gesellschaftlicher Eliten', verhungerter Söldnerbanden, der Aufseherhorden in Gefängnissen und Konzentrationslagern" (H. Marcuse, 1966, S. 200). Es ist eine Tatsache, daß die Perversionen wie Koprophilie, Sadismus oder Masochismus in der Geschichte immer weitverbreitet waren und daß es weitgehend auf die besondere Klasse und deren Tabus ankam, ob sie nur unter der Assistenz von Prostituierten oder in „freien libidinösen Beziehungen" praktiziert wurden (und noch heute scheinen sich die mittleren und oberen Schichten in dieser Beziehung recht gut zu versorgen ohne Prostitution). Es braucht also kaum eine Revolution, um die Perversionen neu zum Erblühen zu bringen – falls dies das gewünschte Ziel sein sollte.

Nach Freud ist es bestimmt nicht das Ziel, die Perversionen zu neuer Blüte zu bringen. Und es wäre ehrlicher gewesen, wenn Marcuse zu der Tatsache gestanden hätte, daß seine Vorschläge zur Wiederbelebung der polymorphen Sexualität in scharfem Widerspruch zum ganzen systematischen Denken von Freud stehen. In dieser Hinsicht hat Wilhelm Reich ganz zu Recht behauptet, daß er Freuds Theorie in ihren letzten Konsequenzen weiterentwickle, wenn er die schlechthinnige Bedeutung der Potenz zum Orgasmus angesichts der hemmenden Elemente, die sich bei einer Mehrheit der Menschen beobachten lassen, betone. Doch Reich bezog sich natürlich auf die Befreiung der genitalen Sexualität von ihren Hemmnissen und ganz bestimmt nicht auf die Wiederbelebung der prägenitalen Sexualität und der Perversionen. Er dachte sich, daß die Befreiung der genitalen Sexualität eine wachsende Lebensenergie und eine größere Freiheit brächte, die auch zu politisch revolutionären Haltungen führen würde. Auch wenn dieser Punkt fraglich ist, so ist er dennoch diskutabel, was man von Marcuses Verbindung von Freiheit von Unterdrückung und Freiheit vom Primat der genitalen Sexualität kaum sagen kann.

Völlig unabhängig von der Tatsache, daß Marcuse bezüglich dieses Punktes die Freudsche Theorie bemüht, um ein Ideal zu beweisen, das der Freudschen Theorie genau widerspricht, erhebt sich noch eine ganz andere Frage, die die psychologische Bedeutung der verschiedenen Perversionen betrifft. Es ist eine klinische Tatsache, daß Menschen, die von Kot, Schmutz usw. angezogen werden, gleichzeitig auch Menschen sind, die das Leben nicht lieben und deren Beziehung zu anderen primär sadistisch ist. Wenn freilich nach Marcuse nur das rein subjektive Gefühl der Erregung zählt, dann ist die Befriedigung der Koprophilie oder des Sadismus ebenso gut wie die Befriedigung der genitalen sexuellen Nähe und Liebe. Übersteigt allerdings die eigene Vorstellung vom menschlichen Leben und von Freude die lustvolle, sinnliche Erregung (aus welcher Quelle sie auch stammen mag) und geht es einem deshalb um menschliche Erfahrungen wie Liebe, Zärtlichkeit, Mitgefühl, weil sie höherwertig sind als Sadismus und das Angezogensein vom Toten und vom Schmutz, dann ist die Wiederbelebung der Perversionen, auch wenn sie von Marcuse schön ausgeschmückt und modifiziert werden, in der Tat ein Schritt von einer progressiven menschlichen Entwicklung nach rückwärts. Marcuses Betrachtungsweise ist sybaritisch [genußsüchtig], bei der die lustvolle Erregung als solche bereits das Lebensziel ist und bei der Haß ebenso gut ist wie Liebe, Sadismus ebenso gut wie Zärtlichkeit. Es zählt allein der physische Nervenkitzel. Ich nehme an, daß hier die Gründe zu suchen sind, warum Marcuse mit einer solchen Verachtung von jenen Menschen spricht, die beim gegenwärtigen Zustand der Gesellschaft von Liebe, Betroffenheit, Verantwortung usw. reden.

Ein anderer Aspekt des Ideals totaler Regression zeigt sich bei Marcuses Deutung des Ödipuskomplexes: Das „sexuelle Verlangen" nach der „Mutter *qua* Frau" ist „die ewig infantile Sehnsucht nach dem Archetypus der Freiheit, der Freiheit von Mangel (*want*)" (H. Marcuse, 1966, 265). Im Kampf gegen die Trennung von der Mutter „kämpft der Eros seine erste Schlacht gegen all das, wofür das Realitätsprinzip steht: gegen den Vater, gegen die Herrschaft, gegen Sublimation und Resignation" (a.a.O.).

Marcuse kommt erst gar nicht auf die Idee, Phänomene wie Liebe, Zärtlichkeit, Narzißmus zu erörtern, weil für ihn ein psychisch gesunder Mensch in unserer Gesellschaft nichts davon erfahren kann; er hätte höchstens die Wahl, sich für verrückt zu erklären oder sich einzugestehen, daß all seine Erfahrungen nichts anderes als Ideologien sind. Marcuse nimmt eine eigenartige Entstellung der Freudschen Theorie vor, um dies alles vor sich so erscheinen zu lassen, als wären seine Gedanken das Ergebnis des Freudschen Denkens oder doch zumindest mit diesem übereinstimmend. Doch

Marcuse kann dies nur auf Kosten einer beträchtlichen Entstellung von Freud tun. Freuds Grundannahme war, daß der Mensch in jeder Gesellschaft aufhören muß, ein Säugling zu sein und zu einem Optimum an Unabhängigkeit kommen müsse. Freuds Ideal war der reife, rationale, unabhängige Mensch, der sich auf sich und seine Vernunft verlassen kann. Niemand wäre mehr entsetzt als Freud, für das Ideal der Regression als ein wirkliches Ziel des menschlichen Fortschritts herhalten zu müssen. Wäre Marcuse fähig gewesen, die Frage des neuen Menschen in seiner Beziehung zu anderen zu untersuchen, dann hätte er wohl entdeckt, daß Eigenschaften wie Sadismus, Masochismus, Voyeurismus, Exhibitionismus und Narzißmus, die für die kindhafte Erfahrung typisch sind, jede Art von sozialer Kooperation in einer „freien Gesellschaft" stören würden.

3. Marcuses Idealisierung der Hoffnungslosigkeit

Es gibt noch einen anderen wichtigen Punkt, der erwähnt werden muß. Er betrifft die revolutionäre Rolle jener Werte, die nach Marcuse ihre Gültigkeit verloren haben: Liebe, das Verlangen nach Freiheit, der Kampf gegen Langeweile und Manipulation, der Wunsch nach Ganzheit, nach einem Leben jenseits der materiellen und sinnlichen Befriedigung. In dem Maße, in dem der Mensch sich historisch über die Ebene der puren Befriedigung seiner materiellen Bedürfnisse hinausentwickelt hat, entwickelte er auch diese „menschlichen" Erlebensweisen. Sie haben ihn auch motiviert, gegen viele gesellschaftliche Ordnungen zu kämpfen, die gegen diese menschlichen Forderungen und Bedürfnisse verstießen. Revolutionen sind nie nur das Ergebnis materieller Entbehrung, sondern entstehen auch, wenn jene menschlichen Wünsche nicht in Erfüllung gehen können, ohne die wir nicht im vollen Sinne „menschlich" wären.

Herbert Marcuse polemisiert bei dieser Frage gegen mich

mit der Aussage, das Ziel einer optimalen Entfaltung der dem Menschen eigenen Möglichkeiten sei in unserer Gesellschaft „im Wesentlichen nicht erreichbar" (1966, S. 253); man könne nicht „von der produktiven Verwirklichung der Persönlichkeit, von Fürsorge, Verantwortung und Respekt vor den Mitmenschen, von produktiver Liebe und Glück" sprechen (a.a.O., S. 254) und dabei psychisch gesund bleiben. Oder er behauptet (a.a.O.): „Das würde heute bedeuten, daß man den Patienten dahingehend ‚heilt', ein Rebell oder (was das gleiche hieße) ein Märtyrer zu werden."

Marcuse unterstellt mir, ich sei der Ansicht, dieses Ziel sei leicht zu erreichen und könnte von der Mehrheit erreicht werden. Er weigert sich anzuerkennen, daß ich durch meine Schriften durchgängig die Position vertrete, daß diese Ziele in totalem Widerspruch mit den Zielen und der Praxis der kapitalistischen Gesellschaft stehen. In *Die Kunst des Liebens* (1956a, GA IX, S. 517f.) schreibe ich: „Ich möchte nicht den Eindruck erwecken, als ob wir damit rechnen könnten, daß unser gegenwärtiges Gesellschaftssystem in alle Ewigkeit fortdauern wird und daß wir gleichzeitig auf die Verwirklichung des Ideals der Nächstenliebe hoffen können. Menschen, die unter unserem gegenwärtigen System zur Liebe fähig sind, bilden zwangsweise die Ausnahme. Liebe ist zwangsweise eine Randerscheinung in der heutigen westlichen Gesellschaft... Wem also die Liebe als einzige vernünftige Lösung des Problems der menschlichen Existenz am Herzen liegt, der muß zu dem Schluß kommen, daß in unserer Gesellschaftsstruktur wichtige und radikale Veränderungen vorgenommen werden müssen, wenn die Liebe zu einem gesellschaftlichen Phänomen werden und nicht eine höchst individuelle Randerscheinung bleiben soll."

Abgesehen von der Polemik gegen mich – was meint Marcuse eigentlich? Daß es für jeden, selbst für eine Minorität, unmöglich ist, den anderen zu achten, für ihn zu sorgen und ihn zu lieben? Hätte er damit Recht, dann würde daraus folgen, daß man dieses auch gar nicht versuchen und seine eigene Persönlichkeit auch nicht weiterentwickeln sollte, sondern lieber auf die Revolution wartet, bis der „neue Mensch“ geboren wird.

Wenn es heute nicht möglich ist, die vorherrschenden Persönlichkeitsmuster zu transzendieren, dann ist es nie möglich gewesen und es gäbe keinen menschlichen Fortschritt. Mit einer solchen Überzeugung hätten die Menschen zu allen Zeiten auf Revolution gewartet, anstatt den Versuch zu machen, eine höhere Stufe der menschlichen Entwicklung zu erreichen. Die Revolution wäre auch hinsichtlich ihrer menschlichen Ziele ein totaler Fehlschlag (und nicht nur ein partieller, wie dies meist tatsächlich der Fall war) gewesen, denn sie wäre ausschließlich von Menschen gemacht worden, die Sklaven blieben.

Die Entfaltung eines Menschen kann unter widrigsten Umständen stattfinden, ja, sie kann sogar dadurch stimuliert werden. Aber dies trifft nur auf eine Minderheit zu, die sich selbst auf Grund einiger Umstände bis zu einem gewissen Grad von den gesellschaftlichen Weisen zu denken und zu fühlen frei machen und gegen sie handeln kann. Marcuse und jene, die wie er denken, verneinen dies nie, wenn es um den Radikalen geht, der das zu denken fähig ist, was sonst in der Gesellschaft „undenkbar“ ist. Es ist zwar schwierig, jedoch nicht unmöglich, etwas von der Erfahrung des „neuen Menschen“ zu erleben, bevor die Zeit reif ist. Eben dies muß versucht werden, und zwar gerade von denen, die der gegenwärtigen Gesellschaft gegenüberstehen und für eine Welt kämpfen, die so gestaltet ist, daß der Mensch darin leben kann. Ein politischer Radikalismus, der nicht zugleich ein echter menschlicher Radikalismus ist, führt nur ins Verderben.

Was Marcuse mit hochgestochenen und zweideutigen Worten verteidigt, ist im Grunde ein vulgärer Materialismus, bei dem erst die vollständige Befriedigung der materiellen Bedürfnisse zusammen mit der Befriedigung aller libidinösen Bedürfnisse, und hier besonders der prägenitalen, das ganze Glück ausmacht.

Es ist nicht verwunderlich, daß man mit einer solchen Einstellung nur hoffnungslos und ziemlich unglücklich sein muß. Es ist schade, daß diese Hoffnungslosigkeit in eine politische Theorie übersetzt wurde, der jedes Gespür für Realität abgeht. Am Ende von *Der eindimensionale Mensch* (1964, S. 267) schreibt Marcuse: Die „Geächteten und die Außenseiter: die Ausgebeuteten und Verfolgten anderer Rassen und anderer Farben, die Arbeitslosen und die Arbeitsunfähigen" haben, obwohl ihr Bewußtsein nicht revolutionär ist, eine revolutionäre Funktion. „Die Tatsache, daß sie anfangen, sich zu weigern, das Spiel mitzuspielen, kann die Tatsache sein, die den Beginn des Endes einer Periode markiert." (A.a.O.) Vage spricht er von der Chance, „daß die geschichtlichen Extreme in dieser Periode wieder zusammentreffen: das fortgeschrittenste Bewußtsein der Menschheit und ihre ausgebeutetste Kraft. Aber das ist nichts als eine Chance." (A.a.O., S. 268.)

Marcuse endet mit der Feststellung: „Die kritische Theorie der Gesellschaft besitzt keine Begriffe, die die Kluft zwischen dem Gegenwärtigen und seiner Zukunft überbrükken könnten." (A.a.O., S. 268.) Abgesehen davon, daß zu fragen ist, wessen „kritische Theorie" Marcuse hier eigentlich meint, die von Marx, von Freud oder seine eigene, muß gesagt werden: Eine Theorie, die keinerlei Vorstellung davon hat, was die Kluft zwischen Gegenwart und Zukunft überbrücken könnte, ist gerade deshalb auf eine politische Handlung nicht anwendbar.

Jede Art politischer Handlung muß die Wege und Mittel aufzeigen können, mit denen die Kluft zwischen Gegenwart und Zukunft überbrückt werden kann. Marcuse selbst beansprucht für sich überhaupt kein politisches Programm, noch hat er sich von politischen Aktionen vor allem studentischer Gruppen, die glauben, er habe ein solches Programm gegeben, distanziert. Vielmehr sagt er stolz von seiner kritischen Theorie: „Indem sie nichts verspricht und keinen Erfolg zeigt, bleibt sie negativ. Damit will sie jenen die Treue halten, die ohne Hoffnung ihr Leben der Großen Verweigerung hingegeben haben und hingeben." (H. Marcuse, 1964, S. 268.) Ich fürchte, daß Marcuse mit dieser Einführung eines romantischen Märtyrertums gerade da, wo er politisch und menschlich nichts anzubieten hat, was den Menschen bei ihrem nächsten Schritt in die Zukunft oder – falls es diese nicht gibt – bei dem Bemühen, die Katastrophe mit Würde auszuhalten, hilft, nur an ähnlich gesinnte Menschen zu appellieren vermag, die auch in Hoffnunglosigkeit leben. Ganz sicher ist es eine Einstellung, die nichts mit der Tradition all jener zu tun hat, die ihr Leben für etwas eingesetzt und es notfalls auch für solche menschlichen Werte, die Marcuse in seinem Denken ausrangiert hat, hingegeben haben.

Auf Hoffnungslosigkeit und Angst läßt sich kaum irgendeine politische Handlung aufbauen, doch kann man mit ihnen viel Schaden anrichten, wenn man andere davon überzeugen will, daß die progressivste und radikalste Theorie keinen besseren Rat zu geben hat, als auf die eigene Hoffnungslosigkeit stolz zu sein. Es ist schon ein übler Scherz, wenn jemand sich als Radikaler in Positur setzt, der die „Große Verweigerung" praktiziert und im Grunde die Rückkehr zu einer kindisch sybaritischen und egoistischen Erfahrung vorschlägt. Marcuse spricht nicht im Namen des Lebens; er spricht dem Fehlen von Lebensliebe und einem Zynismus das Wort, der in der Maskerade einer superradikalen Theorie auftritt.

Nachdem ich dies geschrieben habe, las ich Marcuses kürzlich erschienenes Buch *Versuch über die Befreiung* (1969), in dem er Ansichten vorlegt, die in scharfem Kontrast zu seinen früheren Schriften sind. Die Macht des Todestriebs scheint sich beinahe aufgelöst zu haben, die Reaktivierung der prägenitalen Sexualität und der Perversionen wurden fallengelassen; Marcuse rät nun, daß jene, die für den Sozialismus kämpfen, in ihrem eigenen Leben die Eigenschaften der gewünschten Ziele vorwegleben müßten. „Unter den Kämpfern muß die Ausbeutung der Arbeit und der allgemeinen Beziehungen verschwinden" (a.a.O., S. 88). Zwar bin ich froh, daß Marcuse nun selbst jene Position übernommen hat, die er bisher so scharf bekämpfte, im Interesse der intellektuellen Lauterkeit ist es aber bedauerlich, daß er seinen Wandel nicht einmal erwähnt oder ihn kommentiert.

Literatur

Bowlby, J., 1958: „The Nature of the Child's Tie to the Mother", in: *The International Journal of Psychoanalysis,* Vol. 34 (1958).

Christiansen, B., 1963: *Thus Speaks the Body. Attempts Toward a Personology from the Point of View of Respiration and Postures,* Oslo (Institute for Social Research) 1963.

Eckhart, Meister, 1969: *Deutsche Predigten und Traktate,* herausgegeben und übersetzt von Josef Quint, München (Carl Hanser Verlag) 1969.

Fenichel, O., 1957: „A Critique of the Death Instinct", in: *The Collected Papers of Otto Fenichel,* collected and edited by H. Fenichel and D. Rapaport, First Series, New York (W. W. Norton) 1953, S. 363-372; zuerst deutsch publiziert in: *Imago,* Vol. 21 (1935), S. 458-466.

Freud, S.: *Gesammelte Werke* (G. W.) [hier zitierte Ausgabe] Bände 1-17, London 1940-1952 (Imago Publishing Co.) und Frankfurt 1960 (S. Fischer Verlag); *The Standard Edition of the Complete Psychological Works of Sigmund Freud* (S. E.), Bände 1-24, London 1953-1974 (The Hogarth Press); *Sigmund Freud. Studienausgabe* (Stud.), Bände 1-10. Ergänzungsband (Erg.), Frankfurt 1969-1975 (S. Fischer Verlag):

– 1908b: *Charakter und Analerotik,* G. W. Band 7, S. 201-209; S. E. Band 9, S. 167-175; Stud. Band 7, S. 23-30.

– 1912-13: *Totem und Tabu. Einige Übereinstimmungen im See-*

lenleben der Wilden und der Neurotiker, G. W. Band 9; S. E. Band 13; Stud. Band 9, S. 287-444.

– 1920g: *Jenseits des Lustprinzips*, G. W. Band 13, S. 1-69; S. E. Band 18, S. 1-64; Stud. Band 3, S. 213-272.

– 1923b: *Das Ich und das Es*, G. W. Band 13, S. 235-289; S. E. Band 19, S. 1-66; Stud. Band 3, S. 273-330.

– 1927c: *Die Zukunft einer Illusion*, G. W. Band 14, S. 323-380; S. E. Band 21, S. 1-56; Stud. Band 9, S. 135-189.

– 1930a: *Das Unbehagen in der Kultur*, G. W. Band 14, S. 419-506; S. E. Band 21, S. 57-145; Stud. Band 9, S. 191-270.

– 1931b: *Über die weibliche Sexualität*, G. W. Band 14, S. 515--537; S. E. Band 21, S. 221-243; Stud. Band 5, S. 273-292.

– 1933a: *Neue Folge der Vorlesungen zur Einführung in die Psychoanalyse*, G. W. Band 15, S. 1-197; S. E. Band 22, S. 1-182; Stud. Band 1, S. 447-608.

– 1933b: *Warum Krieg?*, G. W. Band 16, S. 11-27; S. E. Band 22, S. 195-215; Stud. Band 9, S. 271-286.

– 1940a: *Abriß der Psychoanalyse*, G. W. Band 17, S. 63-138; S. E. Band 23, S. 139-207; Stud. Erg. S. 407-421.

Fromm, E.: *Gesamtausgabe* (GA), herausgegeben von Rainer Funk, Stuttgart 1980/81 (Deutsche Verlags-Anstalt); München 1989 (Deutscher Taschenbuch Verlag):

– 1932a: „Über Methode und Aufgabe einer Analytischen Sozialpsychologie. Bemerkungen über Psychoanalyse und historischen Materialismus“, GA I, S. 37-57.

– 1936a: *Sozialpsychologischer Teil*, GA I, S. 139-187.

– 1941a: *Die Furcht vor der Freiheit* (*Escape from Freedom*), GA I, S. 215-392.

– 1947a: *Psychoanalyse und Ethik. Bausteine zu einer humanistischen Charakterologie* (*Man for Himself*), GA II, S. 1-157,

– 1951a: *Märchen, Mythen, Träume. Eine Einführung in das Verständnis einer vergessenen Sprache* (*The Forgotten Language*), GA IX, S. 169-309.

– 1955a: *Wege aus einer kranken Gesellschaft* (*The Sane Society*), GA IV, S. 1-254.

– 1955b: „Die Auswirkungen eines triebtheoretischen ‚Radikalismus' auf den Menschen. Eine Antwort auf Herbert Marcuse" („The Human Implications of Instinctivistic ‚Radicalism'. A Reply to Herbert Marcuse"), GA VIII, S. 113-120.

– 1956a: *Die Kunst des Liebens* (*The Art of Loving*), GA IX, S. 437-518.

– 1956b: „Eine Erwiderung auf Herbert Marcuse" („A Counter-Rebuttal to Herbert Marcuse"), GA VIII, S. 121 f.

– 1960a: *Psychoanalyse und Zen-Buddhismus* (*Psychoanalysis and Zen Buddhism*), GA VI, S. 301-358.

– 1964a: *Die Seele des Menschen. Ihre Fähigkeit zum Guten und zum Bösen* (*The Heart of Man. Its Genius for Good and Evil*), GA II, S. 159-268.

– 1966a: *Ihr werdet sein wie Gott. Eine radikale Interpretation des Alten Testaments und seiner Tradition* (*You Shall Be As Gods. A Radical Interpretation of the Old Testament and Its Tradition*), GA VI, S. 83-226.

– 1968h: „Marx' Beitrag zum Wissen vom Menschen" („Marx's Contribution to the Knowledge of Man"), GA V, S. 421-432.

– 1970a: *Analytische Sozialpsychologie und Gesellschaftstheorie (The Crisis of Psychoanalysis, Essays on Freud, Marx and Social Psychology)*, Frankfurt (Suhrkamp) 1970.

– 1970b (zusammen mit Michael Maccoby): *Psychoanalytische Charakterologie in Theorie und Praxis. Der Gesellschafts-Charakter eines mexikanischen Dorfes (Social Character in a Mexican Village. A Sociopsychoanalytic Study)*, GA III, S. 231-540.

– 1970c: „Die Krise der Psychoanalyse" („The Crisis of Psychoanalysis"), GA VIII, S. 47-70.

– 1973a: *Anatomie der menschlichen Destruktivität (The Anatomy of Human Destructiveness)*, GA VII.

– 1979a: *Sigmund Freuds Psychoanalyse – Größe und Grenzen (Greatness and Limitations of Freud's Thought)*, GA VIII, S. 259-362.

– 1980a: *Arbeiter und Angestellte am Vorabend des Dritten Reiches. Eine sozialpsychologische Untersuchung*, bearbeitet und herausgegeben von Wolfgang Bonß, GA III, S. 1-230.

– 1989a: *Vom Haben zum Sein. Wege und Irrwege der Selbsterfahrung* (Schriften aus dem Nachlaß, herausgegeben von Rainer Funk, Band 1), Weinheim und Basel (Beltz Verlag) 1989.

Gorer, G., 1934: *Marquis de Sade*, New York (Liveright Publishing Corporation) 1934.

Holt, R. R., 1965: „Freud's Cognitive Style", in: *American Imago*, Vol. 22 (1965), S. 163-179.

Huxley, A., 1946: *Brave New World*, London (The Vanguard Library) 1946; deutsch: *Schöne neue Welt*, Frankfurt/Hamburg (S. Fischer Verlag) 1955.

Laing, R. D., 1960: *The Divided Self. An Existential Study in Sanity and Madness*, London (Tavistock Publications) 1960; hier zit. nach der Taschenbuchausgabe bei Penguin Books A 734, Harmondsworth 1966; deutsch: *Das geteilte Selbst*, (dtv „dialog und praxis" 15029), München (Deutscher Taschenbuch Verlag) 1987.

– 1961: *The Self and the Others. Further Studies in Sanity and Madness*, London (Tavistock Publications) 1961; hier zitiert nach der deutschen Ausgabe: *Das Selbst und die Anderen*, (dtv „dialog und praxis" 15054), München (Deutscher Taschenbuch Verlag) 1989.

– 1964 (zusammen mit D. G. Cooper): *Reason and Violence. A Decade of Sartre's Philosophy 1950-1960*, with a Foreword by Jean-Paul Sartre, London (Tavistock Publications) 1964; deutsch: *Vernunft und Gewalt*, (edition suhrkamp 574), Frankfurt (Suhrkamp Verlag).

– 1964a (zusammen mit A. Esterson): *Sanity, Madness and the Family. Volume I: Families of Schizophrenics*, London (Tavistock Publications) 1964; deutsch: *Wahnsinn und Familie. Familien von Schizophrenen*, Köln 1975.

– 1966 (zusammen mit H. Phillipson und A. R. Lee): *Interpersonal Perception. A Theory and a Method of Research*, London (Tavistock Publications) 1966; deutsch: *Interpersonelle Wahrnehmung*, (edition suhrkamp 499), Frankfurt 1971.

– 1967: *The Politics of Experience*, New York (Pantheon Books) 1967; hier zitiert nach der deutschen Ausgabe: *Phänomenologie der Erfahrung* (edition suhrkamp 314), Frankfurt (Suhrkamp Verlag) 1969.

– 1967a: *The Politics of Experience and The Bird of Paradise*, Harmondsworth (Penguin Books) 1967.

Marcuse, H., 1941: *Reason and Revolution*, Cambridge, Mass. (Harvard University Press) 1941; deutsch: *Vernunft und Revolution. Hegel und die Entstehung der Gesellschaftstheorie*, Neuwied und Darmstadt (Luchterhand Verlag) 1962.

– 1964: *One-Dimensional Man*, Boston (Beacon) 1964; hier zitierte deutsche Ausgabe: *Der eindimensionale Mensch. Studien zur Ideologie der fortgeschrittenen Industriegesellschaft*, Neuwied und Darmstadt (Luchterhand) 1967.

– 1966: *Eros and Civilization. A Philosophical Inquiry into Freud*. With a New Preface by the Author, Boston (Beacon Press) 1966; hier zitierte deutsche Ausgabe: *Triebstruktur und Gesellschaft* (Bibliothek Suhrkamp Band 158), Frankfurt 1971.

– 1969: *An Essay On Liberation*, Boston (Beacon Press) 1969; deutsch: *Versuch über die Befreiung* (edition suhrkamp 369), Frankfurt (Suhrkamp Verlag) 1968.

May, R., Angel, E., und Ellenberger, H. F. (Eds.) 1958: *Existence*, New York (Basic Books, Inc.) 1958.

Réage, P., 1972: *Histoire d'O*, Paris (Jean-Jacques Pauvert) 1972; engl.: *The Story of O.*, New York (Grove Press) 1965; deutsch: *Geschichte der O.*, Hamburg (Rowohlt Verlag, rororo 4126) 1972.

Sartre, J.-P., 1957: *Existentialism and Human Emotions*, New York (Philosophical Library) 1957.

Sontag, S., 1969: *Styles of Radical Will*, New York (Farrar, Strauss and Girout) 1969.

Speer, A., 1969: *Erinnerungen*, Berlin (Propyläen) 1969.

Personen- und Sachregister

WISSENSCHAFT VOM MENSCHEN
SCIENCE OF MAN

JAHRBUCH DER INTERNATIONALEN ERICH-FROMM-GESELLSCHAFT
YEARBOOK OF THE INTERNATIONAL ERICH FROMM SOCIETY